야구공을 던지는 몇 가지 방식

하린 시집

■ 시인의말

오늘에 대한
자학 혹은 회피

까맣게 타버리거나
외롭게 짓무른 것들에 대한 보고서
태양에게 이유를 묻다가
나의 몸이 밤이 되는 것을 본다

2024년 6월
하린

차례

■ 시인의 말　　　　　　　　　3

1부

재개발지구	10
야구공을 던지는 몇 가지 방식	11
어머니의 저항(Ω)	14
자유로에서	16
은하철도 999를 탄 사나이	18
유리 상자	20
밤마다 바나나를 깐다	22
쥐덫	23
룰루랄라 풍금 풍금	24
붉은 욕조	25
보급소의 노래	26
짧은 저녁의 시	28
사막 속에 고래가 산다	29
순서의 순서	30
뼈는 자란다	32

2부

바람의 부르튼 심장처럼	34
켈로이드	35
묘혈(墓穴)	36
H씨 죽음을 수령하다	37
불새	38
유리는 나쁘고 모래는 착하다	39
죽음을 설계하다	40
8일째 날—암흑의 낮을 통과한다	42
방아쇠를 당기다	43
신문, 맛있게 편집하다	44
보들레르	46
빙점	48
시체놀이	50
나나와 함께, 흐린 밤	52

3부

아웃사이더	54
세한도(歲寒圖)	56
백색 살인	57
패스트푸드	58
날개를 접다	60
흰 가운에 대한 기억	62
시체들의 밤	64
양은냄비	65
태양물고기	66
위암은 말한다	68
서울역 석실 고분	69
음역(音域)	70
이부탐춘(二婦探春)	72
북쪽에 대한 물음	74

4부

말 달리자, 예수	78
폭우	79
온몸이 전부 나사다	80
카페 '아프리카'	82
관을 말하다	84
설총(雪塚)	85
아고라—늙은 개	86
싸가지 없는 혀의 소극적인 변명	87
광어 한 마리 9900원	88
낙서공화국	90
동행	92
슬픔의 엉덩이	94
정신병원이 있는 그림	96
2시엔 김기덕이 온다	98

■ 해설 _ 홍신신
혼미한, 그리고 난해한 마술의 춤—하린의 시 세계   100

it # 1부

재개발지구

국적불명의 바람이 암 덩어리를 몰고 온다
우르르 쾅쾅 포클레인이 관절을 꺾고
철없는 아이들이 몰려와
퀭한 집의 내장을 들여다본다
한 아이가 돌을 던진다
20세기 창문은 깨지고
잘못 배달된 노을이 날카롭다

텔레비전 화면이 풀죽처럼 흘러내린다
술 취한 밥상이 아버지를 뒤엎고
값싼 본드를 마신 아들이
날개를 자르고 내려와 공터에서 헐떡인다
더 이상 철거되는 걸 기다릴 순 없다
다짐을 덧칠한 벽엔 금이 가고
기둥은 토박이 정신을 버린다

연탄가스가 독 오른 살모사처럼 기어오를 때
상속권 없는 저녁별이 떠오른다
불 꺼진 골목과 낙오자의 방

21세기가 급하게 채널을 돌린다

야구공을 던지는 몇 가지 방식

직구 - 아버지

소속팀을 또 옮겼다 군내 버스가 하루에 두 번만 들어오는 동네에서 우루과이라운드라는 새로운 규칙이 발효되자 방어율이 형편없었던 아버지가 마지막 생산의 밭을 자르고 도시 변두리로 이적료도 없이 옮겨갔다 주물공장으로 빨려 들어간 건조한 어깨가 은퇴를 예감하게 했다 뜨거운 쇳물에 발등이 데인 후 공의 구질이 너무 단순한 게 문제였다고 실토했다 직구만을 던지던 습성은 시즌 내내 흥행없이 끝나고 말았다 아버지의 낡은 감독은 재래식 화장실에서 똥닭이로 사라져간 윤리교과서였다

슬라이더 - 어머니

원래 직구를 가장 잘 구사하는 사람은 어머니다 술 취한 아버지에게 얻어맞고도 끈질기게 땅만 팠다 논과 밭에 구사하는 느리고 정직한 구질은 진딧물 탄저병 태풍에게 쉽게 홈런을 허용했다 어머니도 변두리 식당으로 소속팀을 옮겼다 뻔한 직구 대신 반찬에 미원을 쓰며 변화구를 구사했다 손님들의 혓바닥은 방망이 한번 휘둘러보지 못하고 어머니의 구질에 속아 넘어 갔다 어머니는 한동안 집안에서 에이스로 인정받았다

포크볼 - 형

왼손잡이였다 형이 마운드에 들어서면 출루하는 놈들이 많았다 1군들만 모인다는 S대학교 도서관에서 철학책이나 들추다가 약삭빠른 놈에게 안타를 맞고 도루까지 허용했다 졸업도 하지 못한 채 강판당했다 형은 소속팀를 떠나 지리산과 인도에서 전지훈련을 했다 6년 동안 형이 사라진 후 '제 3의 물결'이 밀려와 새로운 구질을 가진 젊은 선수들이 주목받았다 자유자재로 움직이는 광속의 구질을 형은 구사하지 못했고 2군으로 밀려나더니 결국 면사무소 말단 직원으로 떨어졌다

커브 - 누나

누나는 일찌감치 포수로 돌아섰다 인기가 많은 투수를 거부한 채 마을금고의 포수가 되었다 마을금고의 감독은 자꾸 변화구를 받아 내라고 주문했다 VIP 고객들은 누나의 미끈한 다리 사이에 입금하길 원했고 누나는 승률을 위해 적당한 편법을 동원했다 야간 경기도 서슴지 않았다 누나의 실적은 높아졌고 승진하여 곧 코치가 될 거라고 했다

마구 - 나

나는 실업팀에 무명선수가 되었다 임시직을 반복하다 30

대 중반을 넘겼다 아무리 기다려도 스카우트 제의는 없었다 정식 선수가 되는 걸 보지 못한 채 아버지가 죽던 날 승리의 기쁨인지 패배의 억울함인지 어머니만이 눈물을 흘렸다 형과 누나는 벌건 육개장 국물에 지루한 감정을 휘휘 저어 먹었다

박찬호가 던진 강속구에 맞은 BMW차량의 수리비는 얼마나 나오는지 알아? … 워낙 튼튼해서 하나도 안 나온대 … 난 마구를 던질 거야 꼭 BMW차를 무너뜨릴 거야 …

형은 말이 없었다 누나는 죽음만이 은퇴를 허용한다고 주절거렸다 관중들은 건넛방 초록색 그라운드에서 야유하듯 화투장을 날렸다

어머니의 저항(Ω)

건전지 갈아 끼우듯 여자를 바꾸던 아버지가
안방에 들어서면 스파크가 튀는 밤이다
두꺼비집에 두꺼비가 없다는 걸 이미 알고 있는 나는
아버지와 어머니 사이에 저항 한 개를 추가하며
꼬마전구처럼 소심하게 깜빡거리고만 있다
아버진 뒤늦게 어머니와 접속을 시도하지만
어머닌 차단기 내린 지 오래
전압이 센 할아버질 수발한 이력을 어머니가 토해낼 때마다
양과 음이 쪽쪽 빨아대는 전류의 본능만 탓하는 아버지
어머닌 한이 충전된 배터리를 꺼내
아버지 몸속에서 헤엄쳐 다니는 여자들을 지져댄다
눈이 뒤집힌 여자들이 하나둘 꽁무니를 뺄 때
아버진 수명 다한 필라멘트처럼 퍽 맥이 풀린다
과부하가 걸리는지
면상에 손가락까지 찔러대는 어머니
오긴 왜 와? 여기가 어디라고!
급기야 하늘과 지상 사이에 퓨즈가 나가는 소리
이승과 접속이 끊기는 소리 살벌하게도 튄다
어휴, 난 어머니가 차려준 전기만 먹고 살아야지
눈물이 마르지 않는 희한한 발전기를 몸 안에 단 어머니
다 타버린 향불 앞에 독주 한잔 따라 올리며

40년이 넘은 울음센서 스위치를 누른다
누전(漏電)인지 누전(淚田)인지…

제삿밥도 못 먹은 방전된 아버지, 내년에도 또 오실라요?

자유로에서

1.
계급 따윈 모르고 살았다
늘 고문관처럼 서툴렀고
뒤가 마려운 이등병마냥 조급했다
생산을 멈추지 않는 공단의 거리
그 황량한 광장에서 끝없는 뺑뺑이로만 존재했다

무거운 군장처럼 달라붙은 어머니 등 뒤에서 제발 내려와 주세요 시도 때도 없이 토해내는 저음에 신음소리 벗고 싶어요

쿵-, 누군가 이탈을 방해한다
찌그러진 범퍼 위로
싱싱한 피의 그림자가 스멀스멀 일어난다
무언가를 향해 달리고 있었을까
쥐포처럼 쫙 도로와 한 몸이 된 고양이들이
주위엔 한둘이 아니다
고양이들이 건너려던 곳엔 철조망이 있고
너머엔 검은 안개의 강이 있다

2.
군대시절 매일 장교용 군화를 닦았다
장교들은 가끔 군견에게 주다가 남은 육포를 던져주곤 했다
질긴 육포를 받아먹으면
비굴한 뼈마디가 시커멓게 탈색되곤 했다
광(光)을 내는 대업을 남겨준 아버진
구두를 걷으러 간 후 돌아오지 않았고
쓰다 남은 구두약처럼
어머니 몸은 딱딱하게 말라가고 있었다.

어쩌면 사는 것은
가물거리는 것을 향해 달리는 일인지도 모른다
먹을 것이 줄어들자 종족 번식을 위해
무작정 바다로 뛰어들었다는 전설의 쥐들을 쫓아
고양이들은 날마다 달리고 또 달린다
시속 150km/s의 퀭한 헤드라이트 속엔
마약 같은 죽음의 길이 타오르고 있다
갑자기 강 건너가 환해진다

은하철도 999를 탄 사나이

어색한 문안이 병상 옆 '비타500'으로 쌓인다
하이데거를 좋아하던 형의 머릿속에
식성 좋은 종양의 뿌리가 자라고 있다니
난해한 말을 뱉어내던 입은 굳게 닫히고
방향 감각을 잃은 머리는 자꾸 한 쪽으로 기운다
배에 꽂아 놓은 호스를 통해 간헐적으로 터져 나오는 것은
미처 소화시키지 못한 우울한 지식의 찌꺼기일 것이다
하필이면 왜 하늘과 제일 가까운 곳에 병실을 만든 거야
그런데 병실은 지하의 영안실로부터 가장 먼 곳이다
의사들은 마술사처럼 차트에 주문을 쓰고
간호사들은 기계적으로 약을 투여한다
진통제가 주술사의 달콤한 속임수임을 아는 형은
무의식의 강가에서 뒷짐지고 서성일 것이다

새벽 무렵 행성 하나가 신호를 보내오자
거친 숨소리가 불규칙한 선율로 터져 나온다
형은 드디어 입을 열어
꿈의 별 안드로메다를 향해 고달픈 여행을 떠난다
기차가 어둠을 헤치고 은하수를 건너면
우주 정거장에 불빛이 쏟아지네…
눈동자가 점점 부풀어 오른다

엄마 잃은 소년의 가슴엔 그리움이 솟아오르네
힘차게 달려라 은하철도 999 힘차게…
고용된 간병인들이 재빨리 핸드폰 코드 번호를 누른다
옥상 위에선 담뱃재가 힘없이 한숨을 털고
병실은 무뚝뚝하게 환한 조등을 내건다

유리 상자

소읍의 쇠약해져 가는 학교 앞에서
유리를 팔던 어머니는 그 당시
틈을 가장 잘 이용하는 마술사였다
한동안 학교의 유리는 주기적으로 깨어졌고
보수적인 태엽만 돌리던 교장 선생의 훈계는
머릿속에서 이미 파열된 상태였다
어설픈 청춘들이 자해하듯 담뱃불을 자꾸 지졌다
날을 세우고 싶던 아이들은 틈 하나씩 만들고 사라졌고
어머니는 환상의 빈자리가 커지기 전에 새 유리를 끼웠다
포개진 유리 사이로 공업용 다이아몬드 칼이 지나가면
유리들은 모범생 흉내를 내며 일렬횡대로 갈라졌다
그렇게 틈의 배후엔 유리가 있었고
문을 열 때마다 위선으로 가득 찬 어머니가 드르륵거렸다

직접 유리를 잘라 보고 싶었다
하지만 할 수 있는 건 깨진 유리를 가지고
만취한 아버지를 매일 도려내는 일뿐이었다
화학 물질 가득한 신발공장에서
유리 구두를 신고 날아오르고 싶다던
누이의 유언이 연서용 편지지를 타고 날아왔고
어머니는 더 이상 유리를 자르지 않았다

마네킹처럼 변한 내가 자라는 것을 거부한 채
어머니가 만든 쇼윈도 안에서 박제된 채 살아가고 있었다

밤마다 바나나를 깐다

아침까지 두면 맛이 다 간다 후딱 처묵어라
리어카에서 몸을 팔다 온 바나나
물오르다 못해 짓물렀다
깐다
밥은 바나나 밤은 바나나 밥대신 먹는 바나나는 외로워
한 입씩 잘린다
밤은 바나나 밥은 바나나 밥대신 먹은 바나나는 예뻐
익을 대로 익은 미소가 고인다

골목 입구 허름한 불빛 아래서
어머니는 밤마다 호객 행위를 한다
늦게 귀가하는 아비나 어미에게
유통기간이 짧은 노래를 판다

바나나는 밤마다 검은 비닐봉지에 싸여
아이들에게로 간다
허기지게 간다
산동네에선 꿈이 자꾸 미끄러진다

쥐덫

 빈집의 천장을 뜯는다 털 부스러기가 구름처럼 날아다니는 단단한 쥐똥의 나라가 있다 거기 육탈된 몸 하나 몇 개의 골편(骨片)으로 남아 죽음의 순간을 압축한다 불안은 늘 천장에서 뛰어다녔다 어둠 속에서 쥐들의 음모가 소름으로 돋아났고 갈빗집으로 일 나간 새엄마는 돌아오지 않았다 약물이 투여된 실험용 쥐처럼 방바닥을 기어다니다 잠이 들면 수백 마리 쥐들이 머릿속을 갉아대기 시작했다 벽이 우는 소리를 듣곤 했다 옆방엔 잿빛으로 탈색되어 가는 아버지가 누워만 있었다 서식지가 어둠인 내가 쥐덫을 풀어 놓고 떠났다 쥐덫이 새엄마의 가슴까지 물어뜯길 바랐다

 아버지도 새엄마도 구멍 속으로 사라졌다 쥐덫은 녹슬었고 아무것도 먹지 않았다 쥐의 시선을 따라가 본다 허연 뼈의 의지가 구멍을 향하고 있다 구멍은 메워진 지 오래, 쓰라린 허기가 쥐떼처럼 몰려온다

룰루랄라 풍금 풍금

음악이 싸구려 아이스케키처럼 녹아내리고
귓속에 달팽이가 팔딱팔딱 뛰어다닌다
룰루랄라 아버지가 소 판 돈을 들고 윷판으로 간다
고향의 봄이 울려 퍼진다
서울에서 내려온 긴 머리 선생님
하얀 원피스에 눈동자가 찔려
파아란 피가 신나게 흘러내린다
룰루랄라 누나가 교복을 벗고 공장으로 날아간다
웃음은 높은음표로 들떠 있고
구름은 박자에 맞춰 춤춘다
룰루랄라 탄저병 걸린 고추알이 후드득 후드득
바람을 조율하던 발가락
성대에 주문을 걸던 손가락
나의 몽정에 초대된 신부만이 전부인 날
룰루랄라 아버지가 제초제를 마신다
건반 위엔 복숭아꽃 살구꽃 아기 진달래
플라타너스 잎에서 떨어진 벌레도
새우깡을 끌고 가던 개미도 밟고 싶지 않은 날
룰루랄라 어머니가 단단한 그림자를 버린다

붉은 욕조

우울한 기호들로 거품이 부풀어오른다
물의 촉수가 엄마의 흐릿한 정신을 찌른다
금이 간 손목 사이에서 핀 붉은 장미
뚝뚝 젖가슴 사이로 흘러
물의 신전을 맴돈다
욕조 속을 헤엄치는 물고기를 본다
물고기 입을 엄마가 꼬맨다
여자는 지느러미가 날씬하기만 하면 돼
그런데 엄마는 왜 지느러미가 뚱뚱해
욕조 안에 있던 타인들의 햇살이 출렁인다
엄마의 몸은 우울 덩어리야
바늘로 콕 찌르면 고여 있던 고름이
갈비뼈 사이로 쏟아질 것 같아
애야 아빠는 끝내 화장을 지우지 않는단다
구름처럼 영혼이 둥둥 떠다닌다고 믿는 건
무거운 물고기들의 변명일 뿐이다
엄마 내가 죽을 때까지 엄마의 물고기가 될게요
애야 어서 마개를 뽑아라
아빠는 인간동물이고 엄마는 인간식물이고 넌 동물인간이란다

보급소의 노래

형은 바람보급소 사나이
365 365 리듬에 맞춰 페달을 밟는 보급대원
골목은 조간신문처럼 형을 인쇄하네
배달의 기수로 태어나
배달만 하다 훌쩍 점프한 형, 나를 때리네
그날은 대문 앞에 우유가 쌓이고 쌓이는 날
형의 동창 녀석이 이층집 넓은 창문 앞에 서서
눈곱을 떼며 모닝커피를 마시는 날
집주인들이 씨유투게더 씨유투게더 지껄이고
보급소장이 형의 귓불을 심하게 잡아당긴 날
형의 주먹에선 바람 냄새가 나네
씨팔 씨팔 씩씩거리는 바람의 시장기
특수효과로 비까지 쏟아지고
세상에 잘못 배달한 정자 두 마리가
가난의 소유권을 나누고 있네

아버지가 무덤을 열고 나오면
형은 아버지를 두들겨패줄 거라 말하네
낡은 자전거는 돌아오지 않고
유통기간 지난 우유처럼 점점 나도 상해가고 있네
왜 자꾸 주먹은 슬픈 건지

가난은 왜 이리 까만 건지
담장을 뛰어넘는 바람에게 묻네

짧은 저녁의 시

태풍이 몸을 구부린다

아버지가 삽날로 찍는다

바람의 피가 튀는 저녁
7월이 아버지를 삼킨다

해도 달도 증언을 거부한다
어머니가 태풍의 눈처럼 고요해진다

자식들이 바람에게 상복을 입힌다

사막 속에 고래가 산다*

 터널만 지나면 고래가 헤엄쳐 다니는 사막이 있다는데 불 꺼진 터널 안에서 차가 멈추고 만다 늘 인생이 준비 부족이 구나 애인이 마른 혓바닥을 내민다 쿡쿡, 난 갑자기 캄캄한 터널에서 불이 나기라도 하는 날엔 아휴-, 코미디언의 묻지도 따지지도 않는 농담이 떠오른다 전조등을 켜고 터널의 끝을 응시한다 고래가 꼬리로 사막을 치는지 싸르르 싸르르 물결 소리가 깜빡인다

 들판을 갉아먹고 사막이 터널 앞에 와 있다 고래가 보고 싶으면 사막으로 와라, 아버지의 유언이 해파리처럼 떠돈다 나 대신 고래를 잡아라 아버지의 손끝은 병원 위로 밀려오는 황사를 가리켰다

 <u>흐흐흐</u> 철창에 갇힌 짐승의 울음이 들려온다 와, 라스베이거스가 우리를 부르고 있어 낭만적인 애인이 뛰기 시작한다 달리고 또 달려도 터널은 계속 밤이다 문득 고래 뱃속에 갇혀 있던 인조인간 피노키오가 생각난다 아버진 침만 질질 흘리는 보통인간이었는데, 쿡쿡

 고래사냥 부르던 송창식 나이가 몇인 줄 알아 정신 차려이 병신아 터널만 지나면 천국이 있단 말이야 비릿한 애인이 뺨을 후려갈긴다 또 터널 꿈을 꾸었구나, 국경처럼 낯선 어머니가 주기도문을 귓속에 쑤셔 박는다

*이대흠 시인의 '눈물 속에는 고래가 산다'에서 차용.

순서의 순서

1.
언제나 순서가 문제다
죽음에도
오해에도
요리에도
섹스에도
순서가 있다
앞을 원하는데
뒤를 주거나
뒤를 원하는데
앞을 내밀면
십중팔구 관계는 틀어진다

순서는 단추가 잘 안다
하여 항상 첫이 문제다
첫여자
첫직장
첫만남
첫첫첫첫첫첫…
첫인줄 알았는데
두 번째나 세 번째일 때

괜히 첫만 욕을 먹고
마지막일줄 알았는데
두 번째나 세 번째여도
첫이 또 욕을 퍼먹는다

2.
기억에도 순서가 있다
어머니가 자꾸 집전화번호를 잊어버린다
관리비고지서의 행방은 냉장고에
리모컨은 반찬통 안에
그러니 어머니의 첫 번째 남자가 문제다
잃어버린 화투 한 장은 패를 맞춰봐야 안다지만
집도 잃어버리는 오작동은
누가 복원한단 말인가
그러니 아버지가 더 문제다
아버진 어머니와 단둘이 화투를 치면서도
끝내 패를 보여주지 않고 떠났다
어머니의 순서마저 가져간
첫이면서 끝이려는 남자
죽음의 순서마저 정해놓고 기다리는
끝이면서 첫이려는 진짜 진짜 나쁜 남자

뼈는 자란다

 바다를 만나면 바다의 살 속에서 바다를 거쳐 간 남자들의 뼈가 보인다

 줄을 끊어 날려 보낸 연들이 바다로 가서 죽었다
 아싸 가오리를 외치던 아비가 화투판에서 침몰했고
 아비의 마지막 항해일지는 파도가 썼다
 섬을 떠난 가오리가 연줄에 감겨 헐떡인다
 정박할 곳을 찾지 못해 방향등도 없이 표류한다
 공단의 불빛이 등대처럼 깜박일 때
 이국인 노동자들이 사는 공장에 닻을 내린다
 수족관에 갇힌 물고기처럼
 다국적 어족들이 기계적으로 헤엄쳐 다닌다
 광어처럼 낮은포복으로 바닥을 긴다
 어미는 자꾸 연줄을 당긴다
 그런 날은 고등어를 굽는 저녁이거나 홍어가 삭여지는 밤이다
 아비를 죽여 달라고 썼던 노트에 떨어진
 어머니의 눈물에선 무슨 뼈가 자라고 있을까
 밤이 아가미를 벌린다
 위험한 뼈가 몸 안에서 꿈틀댄다

 가끔은 어둠을 틈타 해안도로 아래로 차들은 질주한다

2부

바람의 부르튼 심장처럼

나의 마지막 개는 어두운 토방 밑에 있었다

약 먹은 쥐를 삼키고 버려진 소파처럼 죽어갔다

개가 그을리는지도 모르고
난 아랫목에 누워 '플랜더스의 개'를 봤다

뱃속에서 녹은 고깃국은 토해지지 않았다

목줄과 밥그릇만을 묻었다

개의 무덤에서 사나운 바람이 짖어 댔다

바람의 부르튼 심장처럼 미친개가 되어 달렸다

눈물을 훔치며 변성기를 지났다

켈로이드*

몹쓸 것 하나 등 뒤에 붙어 있다
손이 닿지 않는 자리
혈관과 내통한다
흉터의 원인을 정확히 기억하지 못한 나는
놀림 당하던 계집애가 던진 돌멩이와
술 취한 아버지가 휘두른 소주병을 떠올린다
그런데 사각사각 자라는 게 문제다
술을 마실 때나
흥분했을 때 같이 따라 붉어지고
끝내 존재를 알리려고 간지럽게 되살아난다

의사는 절대 도려내서는 안 된다고 했다
잘라낼수록 더욱 커지는 체질입니다
흉터를 다스리는 주사를 맞으며
평생 안고 가야 할
그리움이나 서글픔 따윈 없는지 더듬어 본다
계집애도 아버지도 아니다
어쩌면 내가 세상에 뿌리내린 켈로이드인지도 모른다

*켈로이드: 피부 결합조직이 증식하여 딱딱해진 양성종양으로 처음엔 작은 흉터가 점점 더 자라남. 주로 흑인종이나 황인종에서 나타남.

묘혈(墓穴)

어미보다 먼저 죽은 자
상갓집에서 추궁을 당한다
아비가 병명을 발설한다
시에 미친 놈
바보 바보, 바보 같은 자식
온몸이 표적인 건 바보가 노래를 불렀기 때문

저녁 안에서 삽날이 빛난다
대지의 심장을 열어
차갑게 식은 심장을 묻어야 한다
까마귀가 건조한 생각들을 읽고 간다
탕, 하얗게 사진이 찍힌다
봉인된 어둠
죽은 자들이 다가와 뼈를 내밀 때
흙의 질문은 가볍다
들린다 만질 수 없는 지상의 바람소리
눈만 계속 쌓이고
겨울 뒤에 겨울이 오고
황량한 시간이 오래도록 삭아간다
나의 노래
더 이상 이빨을 드러내지 않는다

H씨 죽음을 수령하다

시는 주로 밤에 번식한다
나의 시는 악성이라
구역질나는 시궁창만을 노래한다
시로 방황을 사고 암이란 거스름돈을 돌려받는
우울한 자기복제 또는 자기증식

계절 내내 신용불량이었던 나의 시
하여 나의 상상력은 담보가치가 없다
관을 살 밑천도 못되는 비유와
화장터까지 걸어갈 수 없는 관절염 걸린 상징들

폭식한 시어들이 오장육부를 아프게 한다
구부러진 어휘들이 진통제를 맞고 헐떡이고
미완성된 노래가 등을 돌린다
하여 시는 태어날 때부터 죽음을 수령한 거다

청탁도 받지 않았는데 하늘에선 독촉 전화가 온다
빛이 오그라들고 어둠이 아가리를 벌리자
몸 밖으로 중독된 바람이 빠져 나간다
요절한 시인들의 노래가 악천후처럼 떠돈다

불새

전설 속에서 데려온 새 한 마리 키운다
쇄골뼈 아래쪽 연약한 곳에서 부화한
새끼 매 한 마리
사냥법이 서툴러 먹잇감을 놓치고
앞뒤 분간 못하며 날뛴다
녀석은 얼토당토않은 오기에 취한다
태양을 죽이고 싶은
불길한 사상으로 밤마다 파닥거린다
넌 날 떠날 수 없어,
나는 계속 돌을 던진다
하얀 피가 흐르고
눈동자가 슬픈 쪽으로 더욱 일그러진다
태양의 하품이 귓속에서 모욕적으로 웅얼거린다
지붕 위로 올라간 어수룩한 녀석
정오의 태양을 덥석 문다
부리가 녹아내리고 일순간 태양이 꺼진다
새파랗게 질린 광장, 불새가 난다

유리는 나쁘고 모래는 착하다

문을 열고 들어서자
사내가 모래시계를 돌려놓고 나간다
모래알들이 달리고 또 달린다
모래의 문장이 귓속을 후빈다
정동진역에서 그녀는 모래시계를 건네며
사막을 여행하다 막 돌아온 표정으로
유리는 나쁘고 모래는 착하다고 했다
등에서 땀방울이 쏟아지는데
여자는 정사 후에도 건조했다
시계를 바다에 던지며
평생 모래시계 따윈 돌리지 않을 거라 했다
멈춘 시계를 본다
여전히 난 갇혀 있다
유리의 감옥, 안은 뜨겁다

죽음을 설계하다

  기름이 한 방울씩 떨어지고 시동을 켜는 거야 전속력으로 달리는 거지 무서운 흡입력으로 빨아들이는 가속도로로 진입하는 거야 계산기만 두드리는 초고층의 증권회사와 생명보험사 사이를 가로질러 무한질주의 공간으로 뺑소니치는 거지 연료게이지에 불이 들어오는 순간을 기다려야 해 제기랄 기름이 없잖아 욕이 터져 나올 때 페달을 더욱 깊숙이 밟는 거야

  무서운 건 죽음이 아니라 죽음을 배반하며 사는 것 마약과 독약을 동시에 마시고 떠나면 더욱 좋겠어 하지만 주어진 돈으로 살 수 있는 건 신나 한 통과 라이터 한 개뿐, 옆 좌석에 실없는 유언 몇 줄을 태우고 두 눈이 시뻘겋게 타오르도록 신나를 마셔대는 거야 오르가슴으로 치닫는 스파크의 순간을 기다리는 거지 환장하게 타오르는 짧은 무극(無極)을 보는 것 이제 정해진 시간에 출근해서 망치로 배를 얻어맞고도 멀쩡하게 웃는 차력사를 꿈꿀 필요는 없는 거야 불편한 밤이 존재하는 무대 위에서 죽음을 상대 배우로 정하고 마지막 실화극을 벌이는 거지

  점점 시간이 다가온다 강렬하게 오버랩되는 미련 따윈 절대 떠올라서는 안 돼 도로의 끝엔 황홀한 절벽이 있어 자, 핸들을 놓는 거야 차는 곧바로 하늘을 향해 안전하게 날아오르지

바이러스 같은 존재 하나가 하늘로 침투된 즐거운 축복의 날

8일째 날
— 암흑의 낮을 통과한다

신상품을 설명하던 점원의 입술은
3일째 되던 날 시들고 말았다
매몰된 후 체온이 되어 주던 여자는
전달되지 않을 유언을 내게 맡겼다
누난 내 여자니까 누난 내 여자니까 …
어린 애인이 자주 불러주던 노래라고 했다
멜로디는 점점 부패되어 악취를 풍겼다
5일째가 지나자
목마름이 오줌을 받아먹었고
6일째가 지나자
배고픔이 여자의 몸을 뜯어 먹으려다 멈추었다

나의 지층은 무슨 색깔로 기록될까?
관 뚜껑이 열리 듯 빛이 들어오는 순간
발견될 죽음의 자세를 7일째 날 생각했다
똥과 오줌으로 얼룩진 삶의 최후라니
뉴스는 죽음마저 팔아먹겠지

8일째가 되어도 불 꺼진 세일은 계속되고 있다
꿈속에서 죽은 여자가 뺨을 때려도 일어날 수 없다
희미한 정신이 화석의 마음을 이해한다

방아쇠를 당기다

남자는 오지 않고 시트는 창백하다
입 안에 성기 대신 총구를 문 여자
벨이 울리면 방아쇠를 당길 태세다
혓바닥이 감금되어 유언조차 남길 수 없다
여자는 죽은 후의 이미지를 생각한다
하얀 시트에 그려질 붉은 파편에게
'복수'라는 제목을 붙인다
속옷을 입지 않고 당길까
지독한 향수를 미리 뿌려 놓을까
총알이 머리를 관통하는 순간 눈을 뜰까 감을까
발등을 타고 꿈틀꿈틀 기어오르는
지끈거리는 햇살을 노려보며
욕지거리를 총구 안으로 밀어넣는다
제길, 남자의 사정거리 안에 살지 말았어야 했어
오전 11시의 모텔과 어울리는 남자는
지금쯤 아침 7시의 4인용 식탁에 앉아 있을 것이다
안전핀을 푼다
보아라, 뻥 뚫린 사랑의 동공

신문, 맛있게 편집하다

잠버릇 심한 딸아이가 신문을 덮고 잔다
아이는 지금 만화 주인공이 되어
하늘을 훨훨 날아가고 있을 것이다
뿌드득 이빨까지 갈며 넉살스럽게
고단한 하루를 인쇄하고 있는 아이
특종을 잡기 위해 요술봉을 이리저리 흔들 것이다
자란다는 건,
어른이 되어 간다는 건
신문기사에 익숙해지는 일이겠지
20년쯤 후엔 구인 광고를 기웃거리고
또 10년 후엔 사회면 더듬거리다
동반 자살 가족사에 눈물도 흘리겠지
복권 추첨 결과를 보려고
날짜가 지난 신문을 펼치다
후드득 백화점 세일 광고지가 떨어지면
쌈짓돈을 들고 망설이는 아줌마가 되어 버리겠지

황금빛 머리핀 꽂고
새근새근 순한 문장 토해내며
무거운 세상 가볍게 덮고 자는 아이야
새롭게 편집한 세상 속에 동참하고 싶구나

절망과 희망 사이
불행과 행복 사이
아직 나는 왼쪽에 서 있고
너는 오른쪽에 둥지를 틀었다
뻐근한 하루가 다 녹는다

보들레르

수천 킬로미터 여행한 모나크 나비*가
박주가리 잎 위에 알을 낳고 죽는다
애벌레가 독초를 갉아먹기 시작한다
더듬더듬 독을 찾아내는 본능을 가졌다
몸속에 독을 조금씩 쌓는다
살기 위해서 독을 마신다
자유를 위해 독을 마신다
죽을 때까지 암세포 같은 독을 간직한다

화려한 날개를 펼칠 때
무턱대고 잡아먹는 놈들이 있다
나비의 독 오른 생을 먹는 놈은
모든 것이 끝이다
통째로 삼킨 독이 죽음의 피를 깨우면
가슴이 충혈되면서
혼미하고 난해한 마술에 걸려 있다가
미치도록 세상을 쥐어뜯는다
조심하라
비수(匕首)을 품은 무용수가 춤을 춘다
황홀한 날갯짓 속에서 치명적인 독
꿈틀댄다

*모나크 나비: 북미왕나비라고도 불리는 이 나비는 전세계에 분포하지만 아메리카에 집중되어 있다. 박주가리 독초 위에 알을 낳고 애벌레가 그 독초를 먹고 자라게 하여 포식자들을 피한다. 북아메리카에서는 가을에 수천 마리의 모나크나비가 겨울을 지내기 위해 남쪽으로 이동하며(때로는 2,900㎞ 이상 여행함) 봄에 되돌아온다. 되돌아오는 도중 잠시 멈추어 알을 낳고 죽는다.

빙점

겨울의 심장은 얼었다 풀렸다를 반복한다
지루한 하늘엔 제트기가 날고
멍든 정신은 녹조현상으로 숨이 막히다
저수지의 심장에 구멍을 뚫고
야광찌가 되어 깜박인다
당신과 나의 서로 다른 빙점을 실감한다
파닥거리는 당신의 사상이
나의 빙점 아래에서 춤출 때
차가운 악담이 당신의 노래를 감싼다
누군가 당신의 정체를 묻는다
오지를 떠돌다 생을 마감한
지구의 마지막 종(種)이라고 말한다
당신은 당신의 방식대로 메시지를 보내지만
나는 나의 방식대로 수신을 차단한다 그러나
당신을 향한 집착은 우주 어디쯤 흘러가고 있을까
결국엔 그리움의 가장자리부터 봄은 온다
세상의 모든 귀들이 녹아내리고
불감증 걸린 발바닥이 당신의 소멸을 더듬는다
쩌어쩍
쩌어쩍
환청처럼 전설의 물고기가

요염한 꼬리를 흔들며 헤엄쳐 오는 소릴 듣는다
길고 긴 빙하기를 통과한다

시체놀이

밤은 죽기 좋은 일기예보를 제공한다
당신은 오늘의 가면을 버리고 어제의 가면 속으로 사라진다
건조한 피가 뚝뚝 떨어지는 황사를 헤치며
죽지 않고 살아난 당신은 뼈다귀를 들고 퇴근한다
뼈다귀에서 맑은 국물이 우러나올 때까지
당신의 가면은 여러 번 재탕된다
가면 속 해골이 두통을 호소한다
두통은 당신이 습관성으로 만든 식상한 변명
무의식적으로 하루의 성과를 아내에게 보고하거나
혼자 저녁을 중얼거린다
가면을 최초로 만든 신은 남성입니까 여성입니까?
거울이 충혈된 눈으로 당신을 본다
죽음의 자세를 떠올린다는 건 가면의 사치란다
아픈 표정 따윈 짓지 마라
거울의 충고는 늘 정직하고 사실적이다
아무도 거울의 뒷면을 보려 하지 않기에
싸구려 주점에 앉아 실패한 가면의 후일담을 듣는다
도발적인 이야기 하나가 당신의 귀를 깨문다
자살에 관한 타인들의 해석 또는 주석
이미 너도 죽었단다 이건 너에 관한 시체놀이일 뿐이란다
화난 당신이 가면을 벗는다

개인적인 취향은 시체놀이에서 허용되지 않는단다
당신은 시체에게도 욕망이 있다고 항변하지만
신의 찢어진 입에선 검붉은 소환장이 튀어나올 뿐이다
당신은 진짜 시체처럼 미동도 없는 상태에서 운다
울음은 눈에서 나오는 것이 아니라
갈비뼈 사이에서 흘러나온 말랑말랑한 치욕이다
당신은 정신없이 술을 마시며 시체의 생을 끝내려고 한다
넌 죽어서도 투덜거리는 악취미를 가졌구나
오늘은 진짜 죽을 거라고 큰소리치며
당신은 가면을 찢으려고 하지만 가면은 순식간에 복제된다
물에서 막 건져 올린 시체마냥 퉁퉁 부은 슬픔으로 당신은 귀가한다
당신은 당신보다 먼저 초대장이 주점을 나서는 것을 항상 보지 못한다

나나와 함께, 흐린 밤

헌책방 주인의 부고가 찾아와 안부를 묻는다 궁금하지 않았던 그의 뒷이야기가 가렵다 어설픈 사상가들이 출몰하던 그곳에선 삼류잡지를 사려던 애송이들이 쓰다만 자습서를 내밀곤 했다 뒷골목의 마지막 거래처럼 '수학의 정석'을 비장하게 팔고 돌아설 때 돈 대신 쥐어 준 나나*에겐 "1987년 봄 석이가 현에게" 문신이 새겨져 있었다

달의 목젖이 보이는 다락방에서 하이데거나 프로이드 니체를 한꺼번에 불러내어 연애에 대한 심야 토론을 벌였다 낭만적인 시를 건방지고 삐딱하게 찢어 먹으며 지겨운 달의 출산을 봤다 달의 젖은 항상 퉁퉁 불었다 새벽 2시 송전탑 피뢰침이 달의 음부를 찌르면 달은 하혈을 했고 달맞이꽃이 폭죽처럼 터졌다

책방 주인이 어쩜 석이였는지도 모른다 "당신이 알고 있는 4월의 체위는 혁명이지요 내가 당신 혁명 속에 삽입되면 4월에도 눈이 내릴까요?" 뒷표지를 닫을 때 책방도 20세기와 함께 문을 닫았다

나나는 돌아왔을까? 나는 끝내 다락방에서 뛰어내리지 못했다 오랫동안 내내 흐리고 흐렸던 밤이었다

*나나-에밀졸라의 소설 "나나"에 나오는 주인공 이름.

3부

아웃사이더

네가 만든 구름의 시청률은 바닥이야
너는 먼지 쌓인 금지곡이고
만질수록 단단해지는 고독의 뼈는 없어
그냥 너는 독방이야
살갗이 드러난 전선처럼
한순간을 노리는 무모한 사춘기는 지났어
노을의 낭만적인 알리바이 따윈 기대하지 마
저녁의 구질구질한 변명 속에
어둠이 끈적끈적한 혀를 내밀 뿐이야
뾰족한 통신탑 꼭대기에 달의 엉덩이가 걸려
달빛이 치즈처럼 흘러내리는
배고픈 밤은 항상 오고 마는 거야
너는 거세된 고양이가 되어
생선 내장처럼 던져진 도시로 출근만 하면 돼
옥탑방을 나와 누추한 골목길을 구기며
촌스럽게 작아진 학교를 지나
24시간 문을 여는 패스트푸드점으로 알바를 먹으러 가면 돼

너는 절대 태양의 젖은 손바닥 따윈 보려고 하지 마
자동차가 시속 100킬로로 늙어가는 것을 바라보다
불면증 걸린 인간들이 유령이 되어

진열된 상품을 간택하는 마임만 즐기면 돼
　너는 바코드가 찍힌 방부제야
　움직일 수 없는 성기를 가진 마네킹처럼 유리문 안을 견디면 돼

세한도(歲寒圖)

너는 밤마다 액자를 깬다

표정은 박제되고
침묵이 천 년의 충치를 견딘다

불타는 눈보라를 뚫고
북방의 언어가 심장을 향해 뛴다

역사를 저울질하는 붓의 기울기
한사코 소나무가 반역을 부추긴다

폭염 속에서 세한도를 그리는
너의 의지는 차갑다

밤이 아리다
마약 같은
눈
눈
눈

백색 살인

하얗다는 말이 가장 잘 어울리는 건 막 찍어낸 스티로폼이다 규격에 맞는 순백의 것들이 굉음을 내는 금형기에서 쏟아져 나올 때 하얗고 푹신한 것들이 던져주는 열등감을 맛본다

유아들의 시체가 종종 발견되곤 했다 연쇄 살인 사건에 익숙한 형사들은 쓰레기통이나 밀폐된 냉장고를 먼저 뒤진다 잘못 찍어낸 스티로폼이 수당을 깎아 먹을 때마다 톱을 드는 살의가 싹뚝싹뚝 되살아난다는 걸 그들은 모른다 이것은 일종의 코미디고 금요일 밤의 향락이다

스티로폼 박스 속엔 싱싱한 울음소리가 밀봉된 채 신문사나 방송국을 향해 배달을 기다린다 가벼운 발바닥의 출근, 농담처럼 싸이렌이 울리고 일상처럼 싸이렌 옆을 지난다 멀리 공장의 불빛이 바이러스가 되어 심장 속에 고인다

살인의 추억은 가고 살인의 기록만 남는다 백색의 잔인한 광기, 스티로폼 가루가 눈이 되어 내리는 인공도시 안에서 나는 즐겁다

패스트푸드

너는 계단을 삐게 하는 발목을 사랑하지
숨을 헐떡거리는 발목만을 좋아해
각이 잡힌 발목을 끌고 너는 오늘도 출근을 하지
어제보다 더 까칠해진 시멘트 길을 지나
기우뚱 기우뚱 흔들리는 육교를 오르면
불량 무지개를 구매한 사람이
가장 높은 옥상에서 번지점프를 했다는
전광판 뉴스를 듣게 되지
넌 아주 잠깐 닦지 않는 유리에
무지개의 파편이 흘러내리는 것을 상상하다
왼발과 오른발이 갖는 시차를 놓칠 뻔하지

계단의 장단에 맞춰 지하로 지하로 흘러들지
넌 오래된 청년이므로
실업률에 상관없으므로
애인이 미래에 대한 초대장을 보내지만
너는 미래에 대한 판단중지
무지개로 만든 팽이를 배당받아
지하철 바닥에 풀어놓고 돌리기만 하면 되지
구름 위에서는 한 개에 3000원
구름 아래에서는 두 개에 1000원

넌 요원들에게 끌려가면서도 웃고 있지
계절에 따라 다국적 기업이
재빠르게 패스트푸드 무지개를 만드니까
그러다 넌 문득 발견하게 되지
계단이 각목을 닮았다는 생각
한쪽 다리가 어제보다 더 짧아졌다는 생각

날개를 접다

꼭 생리하는 날 물을 준다 건망증에 걸린 후
물 주는 날을 일일이 맞출 수 없는 여자
한 달에 한 번 산세베리아에게 하혈을 권한다
물받이로 내려온 건 30일 동안 쌓인 욕망의 파편일까?
정해진 양만큼만 받아들이고 뱉어내는
식물의 본능 앞에 여자는 배신감을 느낀다

전자파에 취한 몸으로 만월(滿月)을 기다렸던 산세베리아
건조한 언어만 되풀이하는 TV 옆에서
행복과 불행의 조건을 드라마로 세뇌당하고 있다
여자에게 불필요한 정보를 뉴스가 전한다
일정한 주기로 찾아왔던 남자의 행방은 알 수 없고
지독한 황사가 곧 덮쳐올 거라고 주절댄다
늘 가슴 속에 거대한 설계도를 품고 있던 남자는
정밀한 기계처럼 움직이며
사랑도 오차 범위 안에서만 허용했다
이 화분 좀 맡아 줘 꼭 찾으러 올게
남자의 다짐은 짧은 간결체였다
폐경기에 접어든 엄마가 욕을 하고 갔지만
여자는 엄마의 싸구려 파마약 냄새에 더 화가 났다
목 안에서 모래 바람이 소용돌이쳤고

산세베리아는 끝내 꽃으로 둔갑하지 않았다
이파리 끝이 뾰족하게 핏대를 세운다
달의 피를 모조리 마셔버린 기세로
하늘을 향한 안테나가 되어 주려나?
아주 조금씩 달이 날개를 접는다

흰 가운에 대한 기억

저 노인이 무슨 일로 1번 국도를 건너가려했을까?
그런 구차한 질문 따윈 던져서는 안 되지요
낯선 사람에게 알몸을 다 맡긴 배짱 좋은 노인이
저승과 이승이 갈라서는 길목에서
먼 길 가다가 제 몸 확인하러 오기 전에
모든 과정을 냉정하게 처리해야만 합니다
빈틈을 보이다간 울컥 두려움이나 역겨움이 올라와
자꾸 뒤돌아보게 되고 밤새 뒤척이게 되지요
급속 냉동으로 굳어진 몸을
마트에서 산 냉동 닭이라 생각하며 구석구석 닦아야 합니다
탄력을 잃은 몸매의 암컷이군요
검버섯을 잔뜩 피워낸 얼굴과 깡마른 손
볼품없이 힘줄만 튀어나온 발을 보니 고생 꽤나 했겠습니다
쪼글쪼글 정기를 다 내준 가슴을 보세요
오래 전 가동을 멈춘 폐공장 같지 않습니까?
컴컴한 사타구니를 보니까 자식을 다섯 이상 낳았고
너무 일찍 영감을 떠나보낸 섹스의 흔적마저 희미하네요
갑자기 사고를 당하면
자신도 모르는 사이에 이렇게 배설을 하는 겁니다
눈을 감지 마세요
사체 앞에 뻔뻔스러워져야 진짜 전문가가 되는 것입니다

휘거나 부러진 뼈를 다시 맞춰놓고
마지막으로 모든 구멍마다 솜으로 틀어막으세요
외떨어진 마을에서 농사나 짓는 과부댁 노인은 이제
일당을 지불받게 될 최고의 물건이 된 겁니다
사연도 없는 고사목이 된 거지요

시체들의 밤

바람이 묘지에서 울고 간다
너는 건조한 뼈를 내민다
불결한 소문이 도시로부터 전해지는 밤
도시 안엔 낡은 고향이 있다
썩지 않아 역겨운 방부제 속 고향
죽기 전 네가 불던 낭만적인 휘파람은
서러운 자폐아가 되어 여전히 네거리를 떠돈다
멸종 직전인 너의 이상은 얼마나
추방당하기 좋은 순진함으로 헐떡거렸던가
텍스트를 거부하던 주관적인 몸부림
그날 너는 맥박이 불규칙한 자동차를 타고
속도제한이 없는 고속도로 위를 날았다
도시의 등에 칼을 꽂으면
환락의 피가 벌컥벌컥 쏟아질 것 같은
오염된 금요일 밤에 유서를 쓰듯 스키드마크를 그렸다

  초식동물의 순한 숨소리가 되고픈 휘파람을 누가 기억이나 할까
  밤마다 싱싱한 해골을 국적 불명의 바람이 만지고 간다
  바람의 독백이 지나간 자리마다 묘지의 동공이 불안하게 열린다

양은냄비

 다닥다닥 살았다 칸칸마다 얼음이 어는지도 모르고 둥글게 몸을 웅크린 채 원고지 같은 쪽방에서 악몽을 피했다
 옆집 여자의 기침소리가 폭발음처럼 터져 나왔다 눈발이 날리기 시작했고 기침소리는 성냥팔이 소녀처럼 언덕 아래 약국을 찾아 밤새 헤맬 것 같았다 여자의 사내는 밤마다 술에 취해 달빛을 등에 지고 돌아왔다 컹컹, 개들이 달빛을 물어뜯는 동안 '목포의 눈물'은 문턱까지 흘러와 넘어졌다 여자가 시멘트 가루 날리는 허물을 벗긴 후 남자를 넣고 누룽지를 끓였다 흐물흐물 사내가 풀어졌다
 여자는 햇살 좋은 아침을 골라 수돗가에 나가 찌그러진 냄비를 닦았다 상처가 검은 녹물로 흘러내리고 지나간 시간의 흔적이 거기 살짝 패인 곳에서 빛났다
 여자를 볼 때마다 살갗이 벗겨지면서 새살 돋았다

태양물고기

우주를 향해 낚싯대 던져라
미끼는 팔딱거리는 상상력
직녀와 견우가 사라진 은하수 안에
유행 지난 서편제를 밑밥으로 풀어 넣어라
너에겐 세월을 납득시키는 그리움이 있다
묵직한 입질이 온다
뜨거운 파도가 일고
팽팽한 줄이 블랙홀 쪽으로 쏠린다
애인을 보낼 때처럼 줄을 풀어라
목젖이 걸린 태양이 요동친다
배고픈 건 거짓사랑을 이해시키는 집착

줄을 당겨라
태양물고기를 얇게 썰어 한바탕 잔치를 벌이자
월급처럼 어분을 받아먹던 사육의 시간
바늘에 꿰여 이리저리 끌려다니던 굴욕의 시간
모두 태우는 화형식을 치르자
이젠 더 이상 쓸쓸한 배후로만 남지 말고
상처뿐인 사랑 안에 폭탄을 투하하자

삶을 길들이는 건 오직 태양의 결론

지느러미를 자르자
우리의 정착지는 태양의 뒤편

위암은 말한다

 식욕은 어디서 오는 겁니까? 코끝에서 옵니다 식욕은 아니 눈 끝에서 옵니다 보이는 족족 집어삼키는 괴물 같은 놈이 눈 끝에서 항문까지 연결되어 있습니다 내과 의사는 위염이 끝없는 식탐 때문이라고 했다
 아닙니다 식욕은 망각의 끝에서 오는 거지요 강력한 망각 프로젝트가 식욕을 반복 재생시키고 있습니다 잊을 수 없는 건지 잊어서는 안 되는 건지 보이지 않는 생채기 하나가 신경성 위염을 습관적으로 발생시키고 정신조차 오랜 쓰라림으로 염증나게 합니다 위염은 그리움이 피었다가 사라질 때 생기는 생의 곰팡이입니다 정신과 의사는 그리움 따윈 버리라고 처방했다
 하지만 위암 수술을 막 끝낸 73세의 최봉수씨에겐 그런 이론 따윈 사절이다 70%나 잘려 나간 줄 알았는데 그의 식욕은 영원하다 경고를 무시하고 미음 대신 전복죽을 먹다 응급조치를 또 받는다 투덜거리지도 않고 간병인과 콩당콩당 잘도 웃고 떠든다 자식도 아내도 애인도 없는 그가 의사를 볼 때마다 끈적한 식욕을 내민다 의사가 잘라낸 것은 식욕이 아니라 절반으로 줄어든 웃음이다

서울역 석실 고분

대한민국이 자랑하는 서울역 돌방식 무덤에서
한 남자의 시체가 발견되었다면
누군가 발로 툭 건드리자
덮고 있던 신문지 관이 열렸다면
세상에 공개된 남자의 얼굴이 낯선 부족처럼 느껴졌다면
그는 분명 전사임에 틀림없다
치열한 영역 다툼으로 머리카락이 헝클어져 있고
온몸에 피멍이 솟았다면
군용잠바 왼쪽 주머니에서 선사시대의 사진이 발견되었다면
중년여자와 어린 딸이 박제되어 있었다면
그가 마셨을 것으로 추정되는 병 속에 이물질은
분명 전투에서 패배한 자들이 자주 찾는 독극물이다
바지 주머니를 뒤질 때 예상대로 로또 복권 한 장과
폐쇄된 사냥터에서 쓸 수 있는 무료 배식권이 나왔다면
그는 분명 부족의 깨끗한 미래를 위해 제거된 무녀리다
관리자들은 관을 연 뒤 한 시간 만에 결론에 도달한다
"10년 만의 한파, 신원 미상의 남자 하나 얼어 죽음"
당신과 당신의 그림자가 이런 보고서를 봤다면
분명 당신은 죽은 남자와 같은 연대기에 사는 공복이다

음역(音域)

낯선 여자를 끌어안고 한참 운다
여자의 갈비뼈가 들려주는 노래
뭉클한 젖가슴의 사연이 심장 안쪽에서 터진다
파편도 없는데 한참 아리다
울림통이 많은 여자
여자는 끊임없이 아쟁을 켠다
문신으로 새겨진 음악이 몸속에서 요동친다

당신은 무척 파고가 높군요
암초를 만난 배처럼 정신없이 흔들리다
힘없이 좌초되고 말았군요
언제쯤 당신은 당신의 몸을 연주할 수 있을까요
당신은 누구의 활인가요 현인가요
소리를 가두지 말아요
당신은 끝내 소리의 시작과 끝을 보지 못할 거고
죽은 소리가 심장마저 멈추게 할 거에요
지느러미가 퇴화된 인어들이 나를 찾아와요
당신의 몸에 현의 손금이 닿는 순간
서러운 소리들이 녹아내릴 거예요

여자가 비릿한 비늘을 하나씩 뜯어낸다

알몸의 물고기가 침대 위로 던져지고
검은 음표들이 떼를 지어 바다로 간다

이부탐춘(二婦探春)*

내가 아는 개들은 집단생활을 한당께
아래층 발바리를 내보내라고 밤새
철문을 두드리고 시위를 하는디
개랑만 함께 사는 주인집 할매는
개들을 쫓으며 20여 년 과부 생활을 자랑하는 기여
그라제, 또다시 재방송되는 다큐멘터리여
청취율에 상관없고 누구나 들어야 하는 눈물의 결정판
할매의 야그에서 클라이맥스는 아들편이여
그놈 대학병원 의사로 만들기까정 인생역경은
하룻밤을 새워도 모자란당께
그런디 말이여 이사 온 지 일 년이 넘었는디
주인공들 코빼기도 안 뵈는 기여
손자놈이 죽은 영감을 닮았대나 뭐래나

암내를 풍기는 작은 발바리에
덩치 큰 동네 개들이 벌이는 구애작전이 볼만허당께
날이 샐 때까지 할머니는 쫓고 개들은 다시 오고
할매 그냥 내보내 주지 그라요?
저 많은 놈을 다 상대하란 말여!
개한테는 봄인디 무슨 심뽄지 모르것당께
좌우간 아래층 두 여자 정조관 한 번 대단혀

*이부탐춘(二婦探春)- 혜원 신윤복의 풍속화

북쪽에 대한 물음

나이가 들면 왜 북쪽을 자주 넘보는가

죽음의 바늘이 북쪽을 가리킨다고 믿는 것인가

최초의 부족은 북쪽인가 남쪽인가

맹인의 손가락이 북쪽을 가리키는 건 어떤 본능인가

시인들은 왜 북쪽을 향해 주문 걸기를 좋아하는 것인가

북쪽 고원에 조상들의 혼이 죽지 않고 살아 있다고 착각하는 것인가

사람들은 왜 북쪽에 죽음의 알리바이를 두는가

바람은 왜 북쪽 숲을 떠돌다 하필 사람에게로 와서 시드는가

사람들은 알 수 없는 일을 왜 북쪽의 기별이라고 믿는 것인가

북쪽은 저녁인가 아침인가

북쪽은 미래인가 과거인가

북쪽에 대한 물음을 던지다가 사라진 사람들은 어떤 답으로 환생하는가

4부

말 달리자, 예수

씨팔, 나 더 이상 안 해
예수가 멀미나는 십자가에서 내려온다
못은 이미 녹슬었고
피는 응고되어 화석처럼 딱딱해진 지 오래다
이천 년 동안 발가락만 보고 있자니 너무나 지루했다
제일 먼저 기쁨미용실에 들러
가시면류관을 벗고 락가수처럼 머리 모양을 바꾼다
찬양백화점에 가서는 오후 내내 쇼핑을 한다
보헤미안 스타일로 옷을 갈아입자
아무도 그가 예수인지 모른다
복음나이트클럽에 기도로 취직한다
너무 차카게 굴어 월급도 못 받고 쫓겨난다

소망주점에 들러 포도주 대신
소주를 벌컥벌컥 들이켠다
잔뜩 취한 예수가 구원주유소에서
참사랑오토바이에 기름을 가득 채운다
오빠 달리는 거야 믿음소녀가 소리친다
그래, 골고다 언덕까지 달리자 달려!

죄 지은 자 모두 다 비켜, 빠라 바라 바라밤!

폭우

여자가 승차하자
자동문이 빗소리를 잘라 버린다
흠뻑 젖은 몸에선 뽀얀 수증기가 피어오르고
습기 어린 시선들이 그녀의 배꼽 아래에 머문다
손잡이에 몸 맡긴 채 흔들리는 사람들 본다
하품을 하며 신경질을 참으며
하루의 필름을 돌리고 있다
대박을 꿈꾸는 자들이 등장하는 상투적인 영화다

젖은 여자가 갑자기 울기 시작한다
사람들은 잠시 그녀의 과거를 떠올리다가
눈을 감아버린다
또다시 라디오는 기습적인 폭우가 쏟아질 거라고 주절거린다
우리는 문득 각자의 우산만을 확인한다
희뿌연 유리창 스크린 속에선
등급 제한 없는 영상이 반복 재생되고
외곽이 종점인 막차가
말없는 족속들을 태우고 도시의 중심을 빠져 나간다
종점엔 남쪽으로 향하는 국도가 있다

온몸이 전부 나사다

하청에 하청을 거듭할수록
본체의 중심에서 멀어지는 사내들이
자취방에 모여 라면에 소주를 마시며
음란비디오를 보던 밤이면
누가 먼저랄 것도 없이 욕이 나온다
씨발로 시작해서 좆도로 끝나는 환각제 같은 배설물이
밤하늘 가득 사정되고 서러운 별들은 촘촘해진다
매혹적인 망사스타킹의 여자
아! 신음소리까지도 친절하다
더 이상 체위는 신선하지 않고
떠난 애인들만 머릿속에서 지쳐간다
그렇게 욕구불만의 밤은 섣부른 발기로 졸아들고
꿈속에선 CF 속 여자 배우와 자동기계가 되어 섹스를 한다
에어컨을 선전하며 바람을 매번 일으키는 인기 절정의 여자
그녀가 재생시키는 웃음의 값은
이십 년 동안 결근 한 번 안 하고
나사를 박아야 하는 질긴 시간의 값이다
하루 종일 이천 개도 넘는 수나사가 암나사와 만난다
나사들은 화려한 디자인에 갇혀 죽었고
생각은 모두 단순화되어 규격 박스 안에 담긴다
더러는 조인 나사를 풀고 싶어 떠났던 녀석도 있다

조금 더 안쪽의 중심 부품으로 살아 보겠다고
라인을 자꾸 변경하다 다시 아웃사이더로 밀려난
옥탑방 구석에 버려진 소주병 같은 녀석들
그 녀석들 다 돌아와 라면에 소주를 마시고 포르노를 본다
온몸이 전부 나사인 세상을 향해 울부짖는 청산가리 사내들
신나를 들이붓고 싶은 밤을 지난다

카페 '아프리카'

　꺼지지 않는 태양 아래
　발가벗은 원시인들이 활이나 창을 들고 야자수 밑을 서성인다
　무딘 눈빛, 너머엔 소떼들이 안전하게 서 있다
　피가 뚝뚝 떨어지는 반 익은 고기를 주문한다
　다른 종족들도 다들 그걸 먹는다며
　암소의 가슴 안쪽 부위를 안심하고 먹으라고
　족모(族母) 같은 주인은 선택을 강요한다
　부풀어 오른 다산의 젖가슴이 출렁거리고
　손톱 위에 붉은 욕망이 날 서 있다

　절뚝거리는 노인이 나타나
　집 나간 소녀의 얼굴이 그려진 껌을 놓고 간다
　촌스럽게도 맑은 얼굴이
　누구나 씹기 편한 껌을 감싸고 있다
　독한 마약을 마시거나
　불 위를 걷는 성인식이 없는 정글에서
　무엇이 강제로 껌을 감싸게 했을까?
　끝이 둥근 창을 가졌군요
　독화살 하나 갖지 못하고 정글 속에 들어오다니
　당신은 분명 퇴사나 통보받은 비굴한 하이에나군요

이제 그만 나를 먹어요
소녀의 얼굴을 벗겨 껌을 씹어 본다
씁쓸한 아카시아향이 핏물처럼 고인다

관을 말하다

이제부터 자동차를 관이라 부르고
뚜껑이 열리고 엔진이 튼튼한
최고급 옵션으로 치장된 관을 하나씩 구입하자
관 속이 편안하지 않은가?
섹시한 애인을 태우고 누구나 떠나길 바란다
매연 속에서 달이 즐겁게 쿨럭거린다
황홀한 도시의 무덤 속을
관들이 줄을 지어 달린다
주문에 걸린 듯 야광충이 되어
액셀러레이터를 깊숙이 밟는다
삶의 제한 속도는 늘 마음 속에 있는 것
애인은 검게 탄 환호성을 지르고
앞서거니 뒤서거니 갈 데까지 간다
목적지는 아무도 알 수 없다
다만 수많은 관들이 베일에 싸인
공장에서 날마다 생산될 뿐이다

한심하게 다시 돌아오는 시체들이 있다
자, 이젠 돈을 사랑을 밥을 관이라 부르자

설총(雪塚)

이 고장에선 재고품처럼 눈이 쌓인다
쌓이고 쌓여 설총이 되는
눈의 또 다른 이름은 우울이다
너와 나는 역사적 사명을 띤 호모소모품스
복제의 연대기 안에서 기계와 동상이몽이 된다
컴퓨터를 머리에 달고 있는 과학자들이
음악의 빠르기에 따른 생산량의 변화를 보고했다
태양이 싫어 태양이 싫어
월드 스타 비의 노래가 흘러나온다
그가 관절을 꺾을 때마다
돈이 비처럼 쏟아진다는데
우리의 기본급은 항상
아다지오 몰토 아다지오 몰토*

정리가 필요한 계절
희생이 그리운 계절
가불이 무좀처럼 따라 다니는
계절 내내
우린 비.정.규.직이다

*음악의 빠르기를 나타내는 용어-대단히 느리게

아고라
— 늙은 개

개가 태양을 물어뜯고 있다
태양의 검은 피가 개를 달군다

묶인 개가 이탈을 꿈꾸는 건
으르렁거리는 태양의 분노 때문

주인은 피가 뚝뚝 떨어지는 생고기를 던진다
근질거리는 살의가 송곳니를 부추긴다

줄을 끊는 순간 여름의 치욕은 가고
야생의 본능만 남는다

강철 같은 조상들 혼이 밤새 짖어댄다
부드러운 목덜미를 내밀어라
늙은 개의 자존심이 태양을 향해 뛴다

싸가지 없는 혀의 소극적인 변명

싸가지 없는 나의 혀가
싸구려 콘돔을 뒤집어쓰고 신문을 읽는다¿
구카들끼리도 간통을 한다¿
간통은 증명할 수 없으므로
구시대적인 법이므로 통치자는 국화만을 던진다¿
밤꽃 냄새나는 전근대적인 나의 손이
다국적 기업의 누드브라자를 클릭할 수 있게 된 오늘
화약을 전송해도 피를 흘리지 않는 모니터 속에서
요원들이 하루 종일 나를 감시한다¿
근육질의 하늘은 여전히 평면이고
우리가 수없이 폭파한 경찰서에선
수갑을 채운 아이가 자살테러를 꿈꾼다¿
절뚝거리는 문장들이 타이핑되는 검찰청
아이의 본적은 북극이고
봄을 향한 소송은 만 년째 진행 중이니
강철무지개*를 향한 겨울의 항소를 그만두련다¿
싸가지 없는 나의 혀가
싸구려 콘돔을 뒤집어쓰고 신문을 읽는다¿
정치인이 기업인이 공무원이 너와 내가 간통을 한다¿
간통은 구시대적인 법이므로
증명할 수 없으므로 우리는 우리에게 국화만을 던져야 한다¿

*이육사의 '절정'

광어 한 마리 9900원

생의 조건으로 나의 형벌은 낮은 포복이다
퇴화된 부레는 노비였을지도 모를
할애비의 유전자를 이어받았고
뱃가죽을 착 바닥에 붙이고 있을 때
흘러나온 웃음은 비열하다
저당 잡힌 영혼의 값은 겨우 9900원
자존심은 늘 질기지도 않고
물컹하지도 않은
먹기 좋은 상태를 유지하고 있어야 한다
예리한 칼날만 다가오면 몽땅 내주고
속수무책이 되어야 한다
수족관이 한바탕 출렁거린다
얇게 썰어진 살점이 한 점씩 먹힌다
소주잔이 파도처럼 오르내리고
얼굴이 주의보 수준을 넘어
경보 상태로 붉게 위태로워진다
창자까지 모조리 넣은 매운탕이
빠른 가락으로 겨울 바다를 건너 갈 때
만취한 중년 사내가
소화 덜 된 찌꺼기를 쏴와 밀어 올린다
쏟아진 부유물 속엔

붉은색 상흔이 군데군데 처박혀 있다
그도 저가로 도시에 공급되는 한 마리의 광어다
생의 조건으로 우리의 형벌은 낮은 포복이다

낙서공화국

버스 터미널 화장실에 쪼그려 앉아 옆집 누나나 친구 누나와 섹스를 했다는 어지러운 낙서들을 본 적이 있는가

원형으로 태어나는, 무의식으로서 꿈틀대는 온갖 알몸들 정성들여 그려본 적 있는가

화장실 벽에 그려진 성기를 대표적인 상징주의 그림이라고 말하는 친구를 한껏 비웃어본 적 있는가

'동성연애하실 분' '장기 고가 매입'이라고 적힌 벽면의 전화번호 앞에서 삽입과 매입의 모습을 떠올려 본 적이 있는가

거기 적힌 가격이 너무 싸다고 중얼거리며 바쁘게 손가락을 움직여 오르가슴에 빠져본 적이 있는가

바로 그때 창을 들고 사냥감을 탐색하는 모기와 눈이 마주쳐 잔뜩 신경을 곤두세운 적이 있는가

힘주는 일마다 잘 풀리지 않아 넥타이 끈을 풀어 화장실에서 목을 매고 있는 자신을 상상해 본 적이 있는가

그러다 차 시간에 쫓겨 아쉬운 뒤처리를 남긴 채 조급증 환자가 되어 막차를 타본 적이 있는가

　그렇다면 당신은 낙서처럼 살아가는 낙서공화국 시민입니다

동행

명랑소녀는 끝없이 시험을 본다
텅 빈 교실에서 암호 같은 문제를 해독한다
하혈이 시작된다

열혈남아가 군장을 메고 무거운 태양 아래 서 있다
200km 행군이 반복된다
계급은 항상 이등병이다

황홀노인이 거대한 식탁 앞에 앉아 있다
피가 뚝뚝 떨어지는 스테이크의 만찬
시간에 맞춰 고기가 자동으로 리필된다

펌프카가 **로또사내**의 아랫도리 부분부터 채워 넣는다
막 구워낸 시멘트 냄새가 진동한다
손에 든 보험 계약서가 태극기처럼 펄럭인다

배고픈 낱말들이 극본에서 이탈하고 있다
적자적자적자적자접자접자접자 야유하듯 날아다닌다
예술극장은 늘 혼자 주연이고 혼자 관객이다

ID가 다른 다섯 개의 별이 허름한 민박집 위에 떠 있다

지상과의 접속이 끊기는 날
독한 별들이 지구를 힘껏 밀어낸다

슬픔의 엉덩이

콤프레샤 콤프레샤
이국적인 이름의 기계가
숨 가쁘게 압축된 공기를 내뿜어요
잔업도 마다않고 스위치가 춤을 춰요
궁짝 궁짝 궁짜작 궁짝 네 박자 속에
먼지도 있고 사랑도 있고 야근도 있네
육중한 기계 아래로 스테인리스 식판이 쌓여요
식판을 들고 줄을 선 아이들의 꼬리가 보여요
아이들의 미각은 너무나 눈부시죠
배고픔도 황홀할 때가 있죠, 앗 그런데
근육질의 금형기가 손가락 하나를 물어요
짧게 울려 퍼지는 비명 소리
기계는 정말 인정도 없이 소리마저 거만하게 삼켜 버려요
떨어지는 액체 꽃잎들이 잔인하게 피어요
똑똑똑 공장 바닥을 두드려요
손가락 하나가 절뚝이며 살구나무 아래로 걸어요
움푹 파인 눈이 불 꺼진 터널처럼 싸늘해요
만 원짜리로 감싼 손가락관
가녀린 잔뿌리들이 창백하게 하해요
신경을 곤두세우며 필리핀 작은 섬 마을로
손가락의 유언을 전송해요

콤프레샤 콤프레샤
당신은 납기일 밖에 몰라요
보름이 지나고 나머지 손가락들이 식판을 찍어대요
궁짝 궁짝 궁짜작 궁짝 네 박자 속에
먼지도 있고 사랑도 있고 야근도 있네
허전한 손가락 마디가 아려올 때마다
펄씨는 오른손이 아니라 다행이라며 웃어요
슬픔의 엉덩이가 무거워진 살구알들이
가끔 손가락 무덤 위로 뭉클뭉클 떨어져 내려요

정신병원이 있는 그림

1.
가까운 숲 속에 정신병원이 있다
병원의 불빛은 밤마다 야광찌처럼 빛나고
하루 종일 울거나 웃는 자들이 그곳에서 늙어간다
의사들은 영혼이 가장 맑아지는 시간을 골라
야생의 이미지로 가득 찬 비디오를 반복해서 틀어준다
동물의 왕국과 공룡대탐험을 보면
3D입체 게임을 즐기는 효과가 있다고 하던데
그들은 바보를 흉내낸 코미디 프로를 가장 좋아한다

일제히 소등을 하면 병원은 잠수함처럼 가라앉는다
그때부터 소문은 산 아래 마을로 번져간다
눈깔 뒤집힌 짐승이 매미처럼 철창에 매달려 울부짖다
진정제를 투여받고 죽어 간다는 소리
간호원과 은밀한 거래를 하여 탈출한 짐승이
먹을 걸 훔치러 마을로 내려와
어린 아이의 심장을 파먹는다는 소리
두려운 소문이 조무래기의 베개 아래로 와서 웅성거린다
누군가 다녀간 흔적이 이불 위에 그려지곤 했다

2.

미칠 일을 처음 경험한 나이는 열일곱 살 때였다
친구 하나가 특이하게 양쪽 손목에 힘줄을 따냈다
붉은 반항심을 폭발적으로 토해 내고 싶어서라고 했다
그럴 거면 빨리 죽어버려
소리친 소녀는 전학을 갔고 한동안 교사들은 진지해졌다
뼛가루가 뿌려진 강물에서는 젖은 비명 소리가 자꾸 울렁거렸고
종일 강가에 앉아 빈 낚싯바늘만 꽂았다
하루는 외제차 한 대가 큰 길을 지나 정신병원으로 빨려 들어갔다
여자 아이가 코스모스를 잡으려고 차창 밖으로 금간 손목을 내보였다
손목이 금간 아이와 코스모스, 외제차가 잘 어울리는
그림이라고 생각하는 순간 낚싯대에서 묵직한 신호가 왔다

2시엔 김기덕이 온다

2시가 온다
DJ 김기덕이 온다
나나나나나 나나나나나 난, 나나나난 나난(아주 빠르게)
금성라디오는 가슴이 클 것 같은 여학생의 사연을 흘려보낸다
김소월의 '초혼'은 한동안 연애시가 되고
불어터진 라면과 같은 아이들이 주소를 받아먹는다
나나나나나 나나나나나 난, 나나나난 나난(보통 빠르게)
우리들이 찾는 건 깃발과 최루탄 가스 없는 거리
젠장, 전경들이 점령하지 않은 곳은 없다
여자애의 브래지어와 빤스가 널린 자취방으로 가자
교련복 입고 디스코를 추는
바퀴벌레와 동거하는 비주류가 되자
나나나나나 나나나나나 난, 나나나난 나난(보통 빠르게)
태평양을 건너온 동원참치엔 지느러미가 없고
꽁초들이 하품을 하며 캔 속을 헤엄쳐 다닌다
자습서가 헌책방으로 날아간 흔적으로
비디오는 알몸의 신음소리를 재생시킨다

녹색십자가 아래에서 매혈한 돈으로
모자이크 된 중심부를 향해
하이킹을 떠난 삼류 애들이
태엽시계를 차고 멀리도 간다
롤러스케이트장을 돌아 고고장을 지나
이 공단 저 공단 머물며 펜팔의 시대를 건넌다
나나나나나 나나나나나 난, 나나나난 나난(느리게)
2시가 간다
2시의 아이들이 멈춘다
김기덕이 환갑을 맞는다

해설

혼미한, 그리고 난해한 마술의 춤
―하린의 시 세계

홍신선(시인·문학평론가)

1.

　왜 그로테스크인가? 나는 하린 시인의 이번 시집 작품들을 통독하면서 문득 이 물음을 떠올렸다. 그것은 그의 시들에서 손쉽게 확인되는 징후들, 예컨대 독특하게 설정된 시적 정황이나, 동원된 시어, 그리고 극도의 낯설게 하기 전략들 탓에 스쳐 간 물음인 것이다. 그리고 이어서 이 물음과 함께 하린 시의 정신적 태도내지 지형도를 그로테스크의 미학으로 따라가야겠다는 생각을 했다. 그러기 위해서는 실제 작품을 읽어가기 전에 그로테스크란 어떤 것인지 한번 짚어보는 게 좋을 것이다. 왜냐하면 그간 그로테스크는 별로 우리시에서 익숙한 이론 내지 개념이 아니었기 때문이다. 대신 그로테스크란 다소 생소한 말보다는 풍자나 패로디 혹은 부조리, 블랙코미디 등등의 다른 개념이나 말로 논의를 펼쳐왔다. 이는 우리 시의 일련의 현상을 설명하는데 굳이 그로테스크란 개념과 이론이 필요하지 않앉음을 뜻할 수도 있다. 그런가 하면 그로테스크란 용어 자체가 지닌 다소 두루뭉수리식의 애매성 탓 때문이란 설명도 가능할 것이다. 그렇긴 하지만 나는 하린의 작품들을 읽으며 그 작품들이 보여주는 위악적일 정도의 과격한, 끔찍한 이미지나 말투 등을 접하고는 이 말을 손쉽게 떠올려야 했던 것이다. 말하자면 그의 시 독법으로 그로테스크가 적절할 것이란 판단을 내 나름으로 한 것이다.

그렇다. '언제나 순서가 문제다'란(「순서의 순서」) 시인의 말마따나 우선 그로테스크란 말부터 알아보자. 사전적인 의미에서 그로테스크는 이질적인 것들이 뒤엉켜 있는 동굴의 그림을 뜻한다. 이 말의 할아버지말 격인 그로테(grotte)가 동굴을 의미하는 것은 그런 까닭에서다. 그런가 하면 이들 이질적인 것들이 뒤엉켜 있음으로 해서 그동안 친숙했던 세계가 전혀 새롭게 보이거나 다소 우스꽝스런 희극적인 것으로 보이게 된다고 한다. W. 카이저가 말한 대로 하자면 그로테스크란 '존재의 깊은 부조리들과 반은 우스개로 반은 겁에 질려 장난처럼 노는' 것이다. 여기서 존재의 깊은 부조리란 현실이나 세계의 모순, 또는 거기에 내장된 상반된 요소들을 가리킨다. 쉽게 줄여 말하자면 현실이나 삶에 조리에 맞는, 합리적이며 합법칙적인 것들은 없다는 의미이다. 특히 인간의 내면이란 깊이 모를 심연처럼 매우 복잡다단한 것이다. 그 심연에 무슨 합리적이고 조리에 닿는 일이 있을 터인가. 따라서 세계나 삶이란 언제나 상반된 모순, 괴기한 이중성, 엉뚱함 등으로 채워져 있다. 그로테스크는 이런 모순이나 이중성들을 기묘한 이미지로, 때로는 섬뜩한 말로, 때로는 희화화(戱畵化)한 내용으로 제시한다. 뿐만 아니라 모순이나 상반된 요소들 간의 갈등을, 그로테스크는 해결하기 보다는 우스개로, 장난처럼 드러낸다. 그 과정에서 필요하다면 적극적인 공격과 비판도 서슴없이 감행한다. 이 같은 그로테스크의 틀과 속성 때문에 때로는 패로디, 때로는 풍자나 반어 등과 그 외연이 겹쳐지기도 한다. 이점이 그로테스크를 애매성이나 두루뭉수리식의 개념 속으로 몰아넣는다.

꽤 에둘러 왔지만 이제는 직접 작품을 읽어보자. 우선 이번 시집에 빈번히 등장하는 시체나 죽음을 직접 다룬 작품을 읽도록 한다.

> 당신은 오늘의 가면을 버리고 어제의 가면 속으로 사라진다.
> 건조한 피가 뚝뚝 떨어지는 황사를 헤치며
> 죽지 않고 살아난 당신은 뼈다귀를 들고 퇴근한다
> 뼈다귀에서 맑은 국물이 우러나올 때까지
> 당신의 가면은 여러 번 재탕된다
> 가면 속 해골이 두통을 호소한다
> 두통은 당신이 습관성으로 만든 식상한 변명
> 무의식적으로 하루의 성과를 아내에게 보고하거나
> 혼자 저녁을 중얼거린다
> ─「시체놀이」의 일부

일반적인 시 읽기에 익숙한 여느 독자라면, 이 작품은 먼저 그 제목에서부터 심상찮은 느낌을 받을 터이다. 말이 그렇지 시체놀이라니? 그리고는 이어서 피, 뼈다귀, 해골 등등의 본문 속 낱말들에 섬뜩해질 것이다. 위악적이라고 할 수밖에 없는 이들 섬뜩한 이미지들은 과연 무엇 때문일까. 나아가 이런 이미지들은 사실차원의 것일까, 아니면 과장의 한 형식일까. 작품을 통독하면서 나는 이런 물음을 마음속 한 켠에서 지울 수 없었다. 과연 어느 것일까. 여기서 그 대답을 마련하기 위해 이 작품의 산문적인 번역부터 먼저 해보도록 하자. '당신'은 일상 업무를 끝내고 퇴근한다. 그러나 잔업처럼 남은 일거리, 뼈다귀들을 챙겨들고서다. 퇴근 뒤 그는 아내에게 하루 일을 보고하거나 거울을 매개로 자기반성을 하기도 한다. 여기서 급작스런 공간이동이 이뤄지고 당신은 주점에 앉아 도발적인 얘기 하나를 듣는다. 어떤 자살을 두고 하는 후일담이 그것이다. 그 충격으로 당신은 자살을 꿈꾸며 울다가 주점을 나선다. 여기서 우리는 이 작품의 화자와 주체가 다른 점을 주의해야 할 것이다. 곧, 화자가 화행(話行)의 주체인 '당신'을 밀착 관찰하고 지켜보는 형식을 취하고 있기 때문이다. 이 사실에 유의하며 간추려 읽어낸 서사구조는 대략 위와 같이 정리될 것이다. 그런데 단련(單聯)이지만 제법 긴 이 작품의 그 긴 분량은 어디에서 비롯되는가. 그것은 일상의 화술이나 화행을 멀리 벗어나려는 이 시인의 시적 전략 때문이다. 시는, 상식적인 말이지만, 일상의 여느 화행을 할 수 있는 한 멀리 일탈하고자 한다. 그렇게 함으로써 일상의 뭇 대상들을 낯설게 만들고 더 나아가 시인 나름의 새롭고 유니크한 시의 스타일을 만든다. 이 당연한 이치 그대로 하린 역시 황사를 '건조한 피가 뚝뚝 떨어진다'라고 언표하고 '가면 속 해골이 두통을 호소한다' 식으로 말을 바꿔 표현한다. 그냥 '붉은 자욱한 흙먼지' 정도라고 할 것을 건조한 피가 뚝뚝 떨어진다 라고 하는 것이다. 뿐만이 아니다. 하루 종일 직장일이나 사회적 역할에 매달렸던 '당신'의 머리가 두통 때문에 아프다고 할 것을 '가면 속 해골이 두통을 호소한다' 라고 짐짓 끔찍한 표현으로 뒤바꿔 말한다. 이 같은 예들은 이 작품에서는 물론 다른 일련의 작품들에서도 흔하게 발견된다. 그런가 하면 이 같은 표현을 뒷받침하기 위해 독특한 시적 정황이 설정된다. 그 정황은 '가면', '시체', '죽음', '관', '석실고분' 등등으로 언표 된다. 이는 본질적 자아 상실의 상태를 죽음의 정황으로, 그리고 직장에서 주어진 일상 업무를 수행하는 얼굴을 가면으로, 더 나아가 그런 극도의 소외상태에 빠진 인간을 시체 등으로 설정한 것이다. 작품「시체놀이」는 이러한 설정에 근거해 사람들의 일상을 시체놀이라고 일컫는다. 그리고는,

> 당신은 정신없이 술을 마시며 시체의 생을 끝내려고 한다
> 넌 죽어서도 투덜거리는 악취미를 가졌구나
> 오늘은 진짜 죽을 거라고 큰소리치며
> 당신은 가면을 찢으려고 하지만 가면은 순식간에 복제된다
> 물에서 막 건져 올린 시체마냥 퉁퉁 불은 슬픔으로 당신은

> 귀가한다
> ─「시체놀이」의 일부

와 같은 대목에서 보듯, 그 놀이가 '순식간에 복제되는 가면'처럼 일상에서 끊임없이 반복되고 있음을 일깨운다. 현대인의 일상이란 흔히 말하듯 삶의 본질과는 무관한 기계적이고 반복적인 지리멸렬한 쇄말(鎖末)들의 연속이다. 그리고 이러한 삶은 M. 하이데거의 말 그대로 죽음의 상태인 것이다. 이 죽음 아닌 죽음 속에서 사람들은 자기에게 주어진, '가면'으로 상징된, 일정한 기계적 역할만을 반복해나갈 뿐이다.

이상에서 우리는 한 작품을 다소 꼼꼼히 읽은 셈이다. 왜냐하면 우리가 읽은 「시체놀이」에 벌써 이번 하린 시집의 시적 특징들이 거의 망라돼 있기 때문이다. 그 특징들이란 예컨대 도시를 무덤으로, 서울역을 석실고분으로 치부하는 그로테스크한 설정에 기인한 것들이다. 그 설정을 시인은 죽음을 설계한다라고도 말한다. 그 설계는 '정해진 시간에 출근해서 망치로 배를 얻어맞고도 멀쩡하게 웃어야 하는' 일상을 벗어나기 위한 몸짓이다(「죽음을 설계하다」). 그러나 이러한 일상은 누구에게나, 이미 위에서 말한 그대로, 기계적으로 매일 반복되는 것. 여기서 시인은 이 실존적 한계상황에 대한 분노를 폭발시킨다. 그것이 상당수 작품에서 보게 되는 부정적 이미지들 곧, 인간이 물건이고 고사목이며 화석이란 과장되고 끔찍한 시적 언표의 근원이다. 그런데 이들 부정적 이미지는 한편으로 분노와 혐오를 읽는이에게 제공하면서 다른 한편으론 웃음기를 제공한다. 이것이 하린 시인의 일련의 작품들을 단순한 풍자에 그치게 하지 않고 그로테스크로 읽게 만드는 요인일 터이다. 말하자면 그로테스크로서 분노/재미란 이끌어냄과 밀어냄의 이중적 틀을 견지하고 있는 것이다.

2.

그러면 이 같은 죽은 시체놀이 같은 일상은 구체적으로 어떤 것들인가. 정신병원이 옆에 있는 낚시터에서의 낚시질, 술 취한 아버지, 신문을 덮고 자는 딸아이, 옥탑방, 패스트푸드점의 알바, 위암 수술을 받은 독거노인 최봉수 씨 등등 그 일상의 품목들은 다양하다. 그나마도 도시 변두리의 힘들고 곤고한 삶의 세목(detail)이라 할 쇄말한 일들로 꽉꽉 채워져 있는 것이다. 단적으로 말해 우리 시대의 평균적 일상들인 것이다. 이쯤서 우리는 해체된 성문화의 현장을 보여주는 불륜 문제를 다룬 다음 작품을 읽어보자.

> 입안에 성기 대신 총구를 문 여자
> 벨이 울리면 방아쇠를 당길 태세다
> 혓바닥이 감금되어 유언조차 남길 수 없다
> 여자는 죽은 후의 이미지를 생각한다
> 하얀 시트에 그려질 붉은 파편에게
> '복수'라는 제목을 붙인다

속옷을 입지 않고 당길까
　　지독한 향수를 미리 뿌려놓을까
　　총알이 머리를 관통하는 순간 눈을 뜰까 감을까
　　발등을 타고 꿈틀꿈틀 기어오르는
　　지끈거리는 햇살을 노려보며
　　욕지거리를 총구 안으로 밀어넣는다
　　제길, 남자의 사정거리 안에 살지 말았어야 했어
　　　　　　　　　　　─「방아쇠를 당기다」의 일부

　인용한 작품은 한 모텔에서 남자를 기다리며 자살을 결심하는 여자의 이야기이다. 그녀는 막 총구를 입에 물고 방아쇠를 당기기 직전이다. 이 극단의 정황 속에서도 그녀는 '죽은 후의 이미지'를 걱정한다. 그 걱정 탓에 읽는 이들은 극단의 절망 속에 감춰진 희극적인 기분을 깨닫는다. 화자의 말투 그대로 '제길'이 튀어나오는 것이다. 제길, 자기가 처한 상황이 어떤 것인데 웬 터무니없는 걱정인가! '유언조차 남길 수 없는' 처지에 이 희화화된 걱정거리들은 쓴 웃음을 유발한다. 달리 설명하자면, 공포 속에 웃음을 감춘 이중성의 틀을 드러내는 것이다. 이 틀은 읽는 이들로 하여금 대상으로부터 밀어내는 동시에 끌어들이는 심리적 효과를 확보한다. 더 나아가 이 쓴 웃음은 화자가 도덕적 분노 일변도로 흐르는 것을 막아준다. 바로 이점이 풍자와 다른 그로테스크의 미학일 것이고 하린 시의 또 하나 주요한 시적 전략이기도 할 것이다.

　그런데 여기서 우리는 두 가지 표현상의 특성을 주목한다. 하나는 시적 대상에 대한 과장된 묘사를 통한 끔찍한 기괴함의

획득이고 다른 하나는 말의 이중적 의미를 적극 활용하고 있는 점이다. 우선 끔찍한 기괴함 혹은 그 느낌은 대상을 과장되게 표현함으로써 얻어진다. 예컨대, 인용한 대목에서 보듯 '성기 대신 총구'를, '혓바닥이 감금되어', 또는 '총알이 머리를 관통하는 순간' 등등의 표현들이 그것이다. 이 작품은 전편이 이러한 표현들로 일관되게 채워져 있다. 이러한 끔찍한 기괴함은 더 나아가 이 시집 전반의 조사(措辭)적 특징이라고도 할 수 있다. 그런가 하면 '사정거리'와 같은 중의적 시어들을 전략적으로 배치하기도 한다. 이는 시어에 대한 이중적 독법을 마련해 줌으로써 이미지를 낯설게 한다. 달리 말하자면 이중적 독법이 마련한 기존 문맥의 왜곡 탓에 대상을 낯설어 보이도록 만드는 것이다.

이뿐만이 아니다. 짐짓 죽은 상태의 일상은 위에서 살핀 기성의 성문화 해체뿐만 아니라 '관'으로 밖에 보이지 않는 자동차들의 홍수(「관을 말하다」), 본체인 중심에서 밀려난 나사만 조이는 사내들(「온몸이 전부 나사다」), 정신병원을 들락거리는 변성기 아이들(「정신병원이 있는 그림」) 등등 이시대의 환부를 압축적으로 보여주는 일과 사람들로 채워져 있다. 그런가 하면 이들이 얼마나 값싼 대중문화에 중독되어 있는가를 보여주기도 한다.

    대한민국이 자랑하는 서울역 돌방식 무덤에서
    한 남자의 시체가 발견되었다면

> 누군가 발로 툭 건드리자
> 덮고 있던 신문지 관이 열렸다면
> 세상에 공개된 남자의 얼굴이 낯선 부족처럼 느껴졌다면
> 그는 분명 전사임에 틀림없다
> 치열한 영역 다툼으로 머리카락이 헝클어져 있고
> 온몸에 피멍이 솟았다면
> 군용잠바 왼쪽 주머니에서 선사시대의 사진이 발견되었다면
> 중년여자와 어린 딸이 박제되어 있었다면
> 그가 마셨을 것으로 추정되는 병속에 이물질은
> 분명 전투에서 패배한 자들이 자주 찾는 독극물이다.
> ─「서울역 석실 고분」의 일부

 때는 10년만의 혹독한 한파가 몰아친 겨울날 아침일 것이다. 얼굴에 신문지를 덮은 노숙자가 서울역 대합실 한 귀퉁이에 죽어 있다. 옆에는 소주병이 뒹굴고 있다. 사람들이 둘러섰고 역무원과 경찰이 그 주검을 살핀다. 그들은 '10년만의 한파, 신원미상의 남자 하나 얼어 죽음'이라고 결론 내린다. 인용한 작품을 우리가 산문으로 풀어 읽자면 대강 이런 이야기가 될 것이다. 그리고 이런 이야기는 누구나 지난날 각종 미디어에서 보고 들었을 친숙한 것들이다. 그런데 그런 이야기가 결코 친숙하지만은 않게, 아니 낯설고 괴기스럽게 다가오는 것은 왜일까. 여기서 우리는 지난 세기 30년대 중엽 이상(李箱)식의 비유 전략을 떠올려도 좋을 터이다. 이상은, 잘 알려진 대로, 경성고공의 친구 원용석을 찾아간 평안도 산골마을 성천의 풍물을 그리면서 비유의 매재(媒材)로 도회적 사상(事象)들을 이용한다.

그리고 그것이 각별한 효과를 거두면서 모더니즘적 수사의 한 전형을 이룬 바 있다. 하지만 하린의 이 작품은 비유의 매재로 선사시대 석실고분을, 그리고 그 디테일들을 적절히 활용하고 있다. 달리 말하자면 마치 고분 발굴을 하듯 시적 정황을 설정하고 있는 것이다. 이 작품의 음울한 분위기나 기괴함은 바로 이 같은 설정에 기인한다. 곧, 이 설정 자체가 A. 포우나 라블레의 어떤 작품을 읽을 때와 같은 분위기를 제공하는 것이다. 그렇다고 이 작품이 이런 그로테스크의 효과만을 노린 것은 아니다. 화자는 작품의 마무리에서 이렇게 질타한다. 곧, '당신과 당신의 그림자가 이런 보고서(한파에 따른 동사처리-필자)를 봤다면/ 분명 당신은 죽은 남자와 같은 연대기'에 살았을 것이란 일침이 그것이다. 그러면 죽은 남자가 산 연대는 어떤 연대인가. 화자에 따르자면 그 연대에서는 끊임없는 전투가 진행되고 패배자는 '깨끗한 미래'를 위해 무녀리처럼 제거된다. 이쯤서도 우리는 이 전투가 어떤 전투인가, 패배나 낙오가 무슨 의미인가를 너무 잘 안다. 이를테면 이 전투의 무기란 속도, 혹은 효율성이란 것이고 전선은 특정되지 않은 채 수시로 일상 도처에 마련돼 있다. 그리고 이 전선에서 숭배되는 유일 최고의 가치란 물신화한 교환가치뿐인 것이다. 줄여 말하면 오늘 우리의 자본주의 삶터, 그곳인 것이다. 그리고 이 삶터에 대한 노여움과 비꼼이 작품을 풍자적 그로테스크로 읽게 만든다.

    이쯤서 분위기를 바꿔 다른 작품을 하나 더 읽어보자. 나아가 평소 지고한 것, 신성한 것의 전복이나 파괴가 주는 심미적

경쾌함이 어떤 무엇인지 살펴보자.

> 씨팔, 나 더 이상 안해
> 예수가 멀미나는 십자가에서 내려온다
> 못은 이미 녹슬었고
> 피는 응고 되어 화석처럼 딱딱해진지 오래다
> 이천년 동안 발가락만 보고 있자니 너무나 지루했다
> 제일 먼저 기쁨미용실에 들러
> 가시면류관을 벗고 락가수처럼 머리모양을 바꾼다
> 찬양백화점에 가서는 오후 내내 쇼핑을 한다
> 보헤미안 스타일로 옷을 갈아입자
> 아무도 그가 예수인지 모른다
> 복음나이트 클럽에 기도로 취직한다
> 너무 착하게 굴어 월급도 못 받고 쫓겨난다
> ―「말 달리자, 예수」의 일부

만일 예수가 오늘날을 산다면 어떤 삶을 살 수 있을까. 그것도 값싼 대중문화와 자본만이 판치는 우리 현실에서 어떤 형태의 삶을 보여줄 수 있을까. 이 작품은 이런 설정에서부터 출발한다. 화자에 따르면 그 삶은 익명성이 보장된 평균인, 또는 속도와 경박함에 취한 젊은이로서의 삶이다. 십자가에 매달린 답답한 역할에서 벗어난 예수는 외모부터 그런 젊은이로 치장할 뿐만 아니라 쇼핑을 즐기고 직장에도 적응 못하는 '무녀리' 같은 존재로 다가온다. 게다가 소주에 취한 채 여자 친구를 뒤에 태운 오토바이를 타고 골고다까지 달리지 않는가. 이 경박한 모습은 뚜렷한 자기 정체성을 상실한 채 시류에 따라 살기 급급한 여느 젊은이와 다를 것 없다. 더욱이 이 모습은 신성한 존재내지 절대자의 아들이란 기존의 종교적 통념과 극단의 대조를 이룬다. 그리고 이 극단의 대조가 주는 당혹감과 우스꽝스러움은 끝내 우리에게 웃음을 터트리도록 만든다. 신성한 존재의 희화화에는 그런 경쾌함과 즐거움이 있다. 이는 일찍이 예술의 세속화를 주장한 아방가르드의 전위들이 보여준 전략을 연상케 한다. 이를테면 모나리자의 얼굴에 수염을 그린 M. 뒤샹이라든지, 재클린 케네디의 사진을 다양하게 변형한 앤디 워홀 등이 모두 그런 본보기들이다. 물론 인용한 작품의 속 문맥에서 우리는 오늘 우리가 몸담은 삶터란 것이 예수도 어쩔 수 없는 것, 예순들 별 수 있겠는가란 감춰진 의미를 찾아 읽을 수 있다. 그만큼 공소하기만 한 삶터에 대한 강한 반어적 비판을 노리고 있는 것이다.

3.

위에서 살핀 대로 이번 시집에서 하린은 TV, 만화영화, 광고, 야구, 낙서 등등의 대중문화 틀을 이미지 생산이나 시적 설정을 위해 빌려오기도 한다. 이를테면 '네가 만든 구름의 시청률은 바닥'(「아웃사이더」)이란 언표나 '만화주인공이 되어 하늘을 훨훨 날아가고'(「신문, 맛있게 편집하다」), '섹스의 대상인 CF 속 모델'(「온몸이 전부 나사다」), '낙서처럼 살아가는 낙서공화국'(「낙서공화국」) 등등이 모두 그것이다. 만화영화의 틀을 빌린, 하이데거를 좋아한 형의 죽음을 그린 다음 작품을 읽어보자.

> 새벽 무렵 행성 하나가 신호를 보내오자
> 거친 숨소리가 불규칙한 선율로 터져나온다
> 형은 드디어 입을 열어
> 꿈의 별 안드로메다를 향해 고달픈 여행을 떠난다
> 기차가 어둠을 헤치고 은하수를 건너면
> 우주정거장에 불빛이 쏟아지네…
> 눈동자가 점점 부풀어 오른다
> 엄마 잃은 소년의 가슴엔 그리움이 솟아오르네
> 힘차게 달려라 은하철도 999 힘차게…
> 고용된 간병인들이 재빨리 핸드폰 코드번호를 누른다
> 옥상 위에선 담뱃재가 힘없이 한숨을 털고
> 병실은 무뚝뚝하게 환한 조등을 내건다
> ―「은하철도 999를 탄 사나이」의 일부

이 작품은 뇌종양을 앓다가 죽음에 이른 형을 그리고 있다. 인용한 대목은 형의 새벽녘 임종순간을 보여준다. 그것도 유명한 만화영화 「은하철도 999」의 주제가 노랫말을 빌어 비장하게 보여준다. 이는 만화영화의 서사와 음악을 기성품 대상처럼 이용한 시적 전략인데 그 효과는 간접화라고 부를 수 있을 터이다. 꿈의 별을 찾아 떠도는 철이와 메텔 같은 애니메이션 캐

릭터와 그들이 환기하는 분위기를 십분 활용함으로써 형의 죽음이란 기본 시적 문맥의 울림을 강화하는 것이다. 실제로 형의 죽음은 그의 신산한 삶만큼 비극적인 것이다. 그 형은 또 다른 작품에 따르자면 신문과 우유 배달원이었다. 그러면서 과격한 성품 탓에 곧잘 싸움을 벌이기도 한다.(「보급소의 노래」) 때때로 '까맣기만 한 가난'에 신분 상승의 통로가 막힌 그는 '무덤을 열고 나오면 아버지를 두들겨 패줄'거라는 나름의 절망감을 역설적으로 과격하게 표출하기도 했었다. 여기서 우리는 이 시집의 표제작이기도 한 「야구공을 던지는 몇 가지 방식」을 정밀하게 읽어야 할 터이다. 형에 대한 좀 더 상세한 정보를 얻을 수 있기 때문이다. 범박하게 말해 이 작품은 어느 한 가족의 남다른 가족사라고 할 것이다. 그것도 아버지, 어머니, 형, 누나, 나라는 가족들의 사연을 투수의 야구공 구질을 매개로 삼아 이야기하는 독특한 형식을 취한 가족사인 것이다. 이들 가운데 형은 유독 '포크볼'을 구사한다. 곧,

> 왼손잡이였다 형이 마운드에 들어서면 출루하는 놈들이 많았다 1군들만 모인다는 S대학교 도서관에서 철학책이나 들추다가 약삭빠른 놈에게 안타를 맞고 도루까지 허용했다 졸업도 하지 못한 채 강판당했다 ······(중략)······ 자유자재로 움직이는 광속의 구질을 형은 구사하지 못했고 2군으로 밀려나더니 결국 면사무소 말단 직원으로 떨어졌다
> ─「야구공을 던지는 몇 가지 방식」의 일부

와 같은 진술에서 보듯, 포크볼만을 구사한 형은 각박한 현실에 적응하지 못한 채 낙백의 신세가 된다. 특히 하이데거 같은 철학책이나 뒤지다 제3의 물결이라고 할 새로운 구질, 곧 IT를 비롯한 오늘날의 광속의 제반 시스템에 적응하지 못한다. 이는 아마 이 시대 인문주의자의 한 초상일 수도 있을 터이다. 이 같은 형은 앞에서 보듯 죽어서야 그의 꿈의 행성을 찾아가는 것으로 그려진다. 범박하게 말해, 그 행성은 형 나름의 유토피아일 것이다. 이 유토피아가 구체적으로 어떤 곳인지 상세한 정보는 작품 안에 제시돼 있지 않다. 다만 우리가 관람한 은하철도 999란 만화영화에 의하면 그곳은 은하계 너머에 있을 터이다. 그러나 영화에서도 실제 그곳은 어떤 곳인지 또 주인공이 거기 이르렀다는 식의 후일담은 전혀 알려져 있지 않다.

　그러면 이제 형 이야기를 벗어나 여타 가족들의 가족사를 읽어가 보자. 특히 아버지와 어머니에 대한 상당량 진술은 이번 시집의 여러 작품들에 나타나 있다. 그 진술에 의하면 아버지는 '군내 버스가 하루 두 번만 들어오는' 벽지에서 도시 변두리로 공간이동(이주)을 한다. 지난 70년대에 일찍이 보았듯 대개 사람들이 사회적 동원에 따라 옮긴 도시에서 선택할 수 있는 건 공장노동자거나 일일 근로자일 수밖에 없다. 아버지 역시 이 일반적 현상에서 비켜서 있지 못하다. 그는 주물공장에 취직을 했다가 화상을 입고 퇴직한다. 그런가 하면 재개발지구 철거민이 되어 '술 취한 밥상이나' 뒤엎거나(「재개발지구」) 수백 마리 쥐가 천장에 들끓는 집에서 '잿빛으로 탈색될' 뿐이다(「쥐덫」). 반면 어머니는 '술 취한 아버지'에게 얻어맞으면서도 농사일을 도맡아 하고 도시로 이주한 뒤에는 소속팀을 식당으로 옮겨 가족들의 생계를 도맡는다. 아버지의 바람기에 지친 그녀는 기일(忌日)에 아버지 제사마저 거부하기도 하고(「어머니의 저항」) 가족의 생계를 위해 노점에서 바나나를 팔기도 한다(「밤마다 바나나를 깐다」). 말하자면 우리 주변의 여느 어머니처럼 고되고 힘든 삶을 꾸려간 것이다. 이 작품의 아버지 어머니 역시 여느 부모세대의 평균적 삶을 힘겹게 살아간 것이다.

그러는 한편, 나는 어떤가. 시인 자신으로 읽어도 좋을 나는 '마구'를 구사하지만 '임시직을 반복하다 30대'를 넘긴다. 그리고 시를 앓는다. 아버지의 말대로 '시에 미친 놈/ 바보 바보, 바보 같은' 존재인 것이다(「묘혈」). 여기서 주위의 못마땅한 관심 속에 내가 앓는 그 시는 구체적으로 어떤 것인가 살펴보자. 이번 시집에서 하린은 시에 관한 시, 곧 메타시라고 할 작품을 3편 정도 보여준다. 그 가운데 다음 한 편을 읽어보자.

> 시는 주로 밤에 번식한다
> 나의 시는 악성이라
> 구역질나는 시궁창만을 노래한다
> 시로 방황을 사고 암이란 거스름돈을 돌려받는
> 우울한 자기복제 또는 자기증식
>
> ……(중략)……

> 폭식한 시어들이 오장육부를 아프게 한다
> 구부러진 어휘들이 진통제를 맞고 헐떡이고
> 미완성된 노래가 등을 돌린다
> 하여 시는 태어날 때부터 죽음을 수령한 것이다
> ―「H씨 죽음을 수령하다」의 일부

인용한 이 시 화자의 말에서 우리는 두 가지를 주목해야 할 것이다. 하나는 '시가 태어날 때부터 죽음을 수령했다'라는 진술이고 다른 하나는 '나의 시는 악성이라/ 구역질나는 시궁창만을 노래'한다는 말이다. 먼저 죽음을 수령했다는 범상치 않은 진술부터 검토해보자. 그의 시들에는, 이미 앞에서 살핀 대로, 죽음과 관련한 이미지들이 빈번하게 나타난다. 이를테면 직간접으로 죽음에 관련된 화석, 시체, 관 등등의 이미지는 물론이고 '손목을 긋는'다거나 '총구를 입에 문' 자살 등과 같은 많은 이야기들이 바로 그것이다. 이 죽음 가운데는 육신의 소멸 같은 물리적 죽음도 있지만 작품 「시체놀이」의 가사상태 같은 정신적 혹은 상징적 죽음도 있다. 왜 이런 죽음의 수령이 있어야 하는가. 그것은 하린 시인의 시적 전략, 곧 그로테스크의 미학에 기인한다고 할 것이다. 그다음 그의 시가 '악성'이며 '시궁창만을 노래'한다는 것은 무엇을 뜻하는가. 이 역시 부정적이고 비극적인 하린 시인 특유의 현실 인식에 기인할 터이다. 앞에서 누차 살핀 그대로 그의 시에 등장하는 인물이나 사건들은 한결같이 어둡고 칙칙한 색깔의 인물이고 이야기들이다. 멀리 갈일도 아닌 것이 앞에서 읽어온 가족사의 주인공들 역시 모두 현실에서 패배하거나 절망하는 인물들인 것이다. 그런가 하면 이들을 둘러싼 일상공간이나 주변 역시 기괴하거나 혐오스런 곳들이다. 곧, 노파가 무참히 역사(轢死)한 도로나 옥탑방, 아니면 쪽방, 가짜 물건을 파는 육교 위 노점, 이국인 노동자들의 삶터 등등인 것이다.

    이 같은 시적 특성들을 시인은 스스로 악성이나 시궁창을 노래한 것으로 치부하고 있는 것이다. 그리고 이러한 작품들을 다른 메타 시「보들레르」에서는 '모나크 나비'라고 부른다. 박주가리 잎에서 태어난 이 나비는 유충 시절 독초를 먹는다. 그리고 성충인 나비가 되면 다른 포식자를 자기 독으로 죽게 만든다. 그리하여,

> 조심하라
> 비수를 품은 무용수가 춤을 춘다
> 황홀한 날갯짓 속에서 치명적인 독
> 꿈틀댄다
>
> ―「보들레르」의 일부

와 같은 자기 시학의 롤 모델을 시인은 이 나비에게서 발견한다. 이 작품의 틀은 근본 비교이다. 모나크나비가 곧 보들레르인 셈이다. 보들레르는 잘 알려진 대로 자기 시대에 자본주의적 현실을 온몸으로 살아낸 인물이다. 곧, 저주받은 시인으로 당대 예술에 순교한 자인 것이다. 그러면서 그는 현상계를 상호 모순되는 요소들이 갈등하는 이중성으로 인식하고 표현

했다. 흔히 말하는 수직적 조응이나 수평적 조응이 그 단적인 예인 것이다.

　보들레르처럼 춤 속에 비수를 감췄거나 황홀한 날갯짓 속에 독을 내장한다는 진술 그대로 하린 시는 이상에서 우리가 읽어온 대로 매우 복합적이고 중층적이다. 그것은 그로테스크의 미학이면서 풍자를 내장한 작품세계들인 것이다. 그런가 하면 팝아트처럼 기성 대중문화를 시적 대상이나 이미지로 두루 차용하기도 한다. 이들 복합성이 그의 이번 시집을 읽는 재미라면 한 재미일 것이다, 그러나 그의 고백처럼 거기에는 비수 아니면 독이 있다. 읽는 이들로 하여금 '혼미하고 난해한 마술'의 춤을 추게 만드는.

야구공을 던지는 몇 가지 방식

초판 1쇄 인쇄일 | 2024년 6월 24일
지은이 | 하린
펴낸이 | 김미아
펴낸곳 | 더푸른 출판사
편 집 | 하종기

출판 등록 2019년 2월 19일 제 2009-000006호
경기도 평택시 지제동삭3로11, 108동 802호

전화 | 031-616-7139
팩스 | 0504-361-5259
E-mail | dprcps@naver.com
홈페이지 | https://blog.naver.com/dprcps

ISBN | 979-11-981736-5-2(03810)

값 12,000원

* 지은이와 협의에 의해 인지는 생략합니다.
* 잘못된 책은 구입하신 곳에서 교환해 드립니다.